DICCIONARIO DE REFRANES POPULARES CUBANOS

COLECCIÓN DICCIONARIOS

EDICIONES UNIVERSAL, Miami, Florida, 2000

JOSÉ SÁNCHEZ BOUDY

DICCIONARIO DE REFRANES POPULARES CUBANOS

EDICIONES UNIVERSAL

Primera edición, 2000

EDICIONES UNIVERSAL
P.O. Box 450353 (Shenandoah Station)
Miami, FL 33245-0353. USA
Tel: (305) 642-3234   Fax: (305) 642-7978
e-mail: ediciones@ediciones.com
http://www.ediciones.com

Library of Congress Catalog Card No.: 00-106031
I.S.B.N.: 0-89729-927-2

Composición de textos: Elizabeth D'Emperre
Diseño de la cubierta: Luis García Fresquet

Caricaturas interiores por:
Silvio Fontanillas
y
Manolo Menéndez

A mi pueblo,
con un abrazo de guayabera blanca

A Concepción Teresa Alzola, Concha,
por su incansable trabajo de recoger las
tradiciones, el folclore y la cultura
cubana.

A los caricaturistas cubanos Silvio
Fontanillas y Manolo Menéndez que
recogen en sus dibujos el espíritu del
cubano.

A mi amigo Carlitos Bautista por su
ayuda.

Silvio Fontanillas fue uno de los grandes caricaturistas de Cuba. Creador de este «liborio» que encarna lo mejor de la simpatía, la chizpa y la cordialidad del cubano. Silvio murió exiliado en Miami el 3 de julio del 2000.

ÍNDICE

REFRANERO POPULAR CUBANO

PRÓLOGO

Es impresionante lo profundo que caló la colonización española en el alma de América. Una anécdota lo prueba. Oí contar a Manuel Alvar, el extraordinario lingüista español, que cuando andaba indeciso sobre su futuro, terminada su carrera en la universidad, se encaminó a nuestra América y que allá en lo alto del altiplano, cuando hacía estudios lingüísticos, un indio le espetó, al identificarse Don Manuel como español: «Usted es España pero yo soy Castilla».

Y Ciro Bayo, un español trotamundos que anduvo por las más inhóspitas soledades de América del Sur recopiló refranes, romances y cancioncillas. Así mismo, toda una gama del espíritu español está en Méjico. Y son obras de indígenas que «esmaltearon» altares y sagrarios con la imprenta en colores y el estilo de su raza, para demostrar que el alma criolla seguía viviendo en ellos. El alma india.

Rubén Darío hizo lo mismo: reformó la poesía española a pesar de ser un prototipo, de las más puras esencias indígenas. Su pintura del aristocratismo, si se observa su poesía; no es sumisión sino rechazo al aburrimiento que Francia trajo a la poesía y el aristocratismo decadente, el que ataca «la princesa Eulalia daba al mismo tiempo para dos rivales. . .»

Esta rebelión del criollismo nos muestra la lucha que ha habido en América entro lo nativo y la forma, que importada, se convirtió en parte vital del hispanoamericano, quiéralo éste o no: lo español.

Esta vitalidad, la profundidad mentada, se muestra en el refrán criollo. En estos refranes recopilados en Cuba. Porque la sabiduría española está en ellos mezclada con lo cubano y la estructura típica-

9

mente española. Pero es, en su totalidad, medularmente, cubana. Los he recopilado a través de medio siglo.

El refrán cubano se encuentra en todos los niveles generacionales y se mantiene aquí, en los Estados Unidos, y en Cuba. De esta última lo he podido comprobar oyendo a los que de allá llegan hoy.

Pero aunque estos refranes, repito, muestran la impronta de España en América, tienen el molde de los refranes españoles y su sabiduría, y son, sin embargo, profundamente cubanos. Son refranes de un espíritu netamente cubano. Son conceptualmente cubanos como muestra, digamos, este refrán: «*Cuando se tumba caña no se puede tomar guarapo*».

Equivale éste a otro muy popular: «*No se puede coger trillo por vereda*». O sea, hay que concentrarse en lo que se hace. Este refrán lo entiende un español pero hay otros tan adheridos a lo cubano que hay que poner mucha cabeza para coger su significado como el anterior: «*potrica que se encabrita dale pita*», que quiere decir que «a la mujer que se pone brava, que se enfada, no le hagas frente, que dejes que pase el tiempo para que se le quite el mar humor o lo que la irrita».

El refrán pues brota en Cuba de su constitución anímica, como buena heredera de España. Porque las naciones son organismos espirituales vivos que se han formado a través de la historia y tienen reacciones anímicas como los seres humanos.

El refrán pertenece, como el chiste, a lo que el psicólogo suizo-alemán, Jung, llamó «la conciencia colectiva». El chiste se oye, con las diferencias mínimas que le impone la nación, en todas partes del mundo. Prueba al canto es el chiste de Pepito. En España pululan con el nombre de Jaimito. Y chistes cubanos los he oído en las montañas de Baviera, en Alemania.

Todos estos refranes están en la memoria colectiva del pueblo cubano y saltan de pronto, en la conversación. Algunas veces lo oímos varios días seguidos y después pasa tiempo sin que los escuchemos de nuevo. Y lo mismo pasa con los castizos. Antes, en mi juventud, se repetía continuamente el refrán español: «*cuando menos se piensa salta la liebre*». Ahora, aquí en el extranjero, sin población española nativa no se oye. Pero cualquier día alguien lo traerá a colación. Es que el refrán es parte constitutiva del espíritu hispano. Por eso he dicho que pertenece a la memoria colectiva y no puede ser borrado de ella.

La eclosión de los refranes es extraña, obedeciendo la misma a leyes que aún no se han estudiado. Pero no hay duda de que no mueren. De que están, como he dicho, en la memoria colectiva. Más de treinta años después de mi salida de Cuba se los he oído a balseros recién llegados.

Pero lo más interesante es que los balseros han creado algunos que se repiten continuamente como: «*Aunque la balsa flote hay que darle al remo*».

Es más, entre los que vienen de Cuba y han vivido allá en Cuba durante los casi cuarenta años del castro-comunismo, he encontrado nuevos refranes unidos a la existencia de la actual situación cubana, como: «*no por tener libreta se escribe música*» indicativo de que «no por tener libreta de racionamiento para conseguir los alimentos, tienes acceso a ellos».

Cuba en realidad no debía ser tierra de creación de refranes porque ni fue virreinato como el Perú o Méjico, ni área de asentamiento de españoles. Consistió, por largas décadas, en «plataforma de lanzamiento» de expediciones como fueron la de la conquista de Méjico; la de la Florida; la del descubrimiento de Mississippi.

Por otro lado, como el oro desapareció enseguida, —Cuba nunca lo tuvo en cantidades industriales o de enriquecimiento— hizo que el conquistador se marchara de la isla a otros sitios donde el metal estaba abundante. Pero, varios factores, a mi entender, han influido en el hecho de que el refrán haya permeado al cubano y que lo haya producido en abundancia como se ve en la recopilación que se acompaña.

El primero fue la pronta desaparición de la población indígena diezmada por el trabajo, las enfermedades y las matanzas y carente completamente de una cultura que oponer a los conquistadores y colonizadores españoles.

Esto permitió que la cultura de los primeros siglos fuese totalmente española. Hasta que cuaja la nacionalidad cubana en el siglo XIX, y la fusión entre el cubano y la tierra es total, como se ve en la trilogía de Fernando Fernández Escobio, *Raíces de la nacionalidad cubana*: hasta en tiempos de Saco no surge una verdadera cultura cubana mediante la creación de focos a los que le temía enormemente el gobernador Tacón, el capitán General español de poderes omnímodos, una cultura que se patentizará con más fuerza y vigor en La tertulia de Domingo del Monte y que se afincará en la publicación de *Los cubanos como somos*. La cultura española era predominante.

El sentir español con sus refranes machaca continuamente sobre el ánima cubana y hasta permite substituir los pocos y los viejos romances españoles que permanecen más en el continente porque los colonizadores los llevan, cantándolos y recitándolos, por todos los parajes, los llevan «como motor de entrepaño psíquico español.

El segundo factor es el hecho de que esa cultura se une más a la cubana, como elemento de supervivencia, en los larguísimos años de aislamiento que sufre Cuba. La isla queda como un «caimán flotando en la inmensidad del mar», desconectada en mucho de la Colonia. El español se amarra a su cultura y la funde, para que permanezca, enfatizo, con la cubana en embrión.

Si se miran las estadísticas sobre la población española en Cuba se verá que los funcionarios de la colonia son pocos. La mayoría son gente de aldea, campesinos, gente de trabajo, permeados por el conocimiento del refranero que es piedra angular de la lengua en los siglos de la conquista. Esa virtud del refrán de encerrar un pensamiento, un mundo conceptual, una visión de la vida, hace que esté vivo en las aldeas y poblados españoles, ajenos por completo a la ciudad, con una vida más pegada al pasado. Gente del pueblo que convive con los cubanos.

El refrán entrará aún más en el cubano con la llegada de las flotas[1]. Entrará cuando la nación cubana lo digiere más fácilmente, digiere su espíritu por hallarse en vías de formación. Este es el tercer factor.

---

[1] La flota era la concentración de barcos, cargados de oro y riquezas, de México y América del Sur, en La Habana, para de allí partir hacia la Metrópoli, evitando los ataques de piratas y corsarios.

He insistido e insistiré siempre en la necesidad de estudiar a fondo la presencia de la flota en Cuba por muchos meses antes de partir hacia España. Esa marinería era campesina; esa marinería hablaba utilizando el refrán continuamente y transmitía su espíritu.

Tampoco se ha estudiado, debido a que la historia de Cuba hasta el presente ha sido –salvo en algunos grandes tratados– una mera recopilación de hechos, la influencia de la Factoría en Cuba. Este es el cuarto factor.

Cuba, antes de ser colonia fue una simple factoría. La relación entre la cultura de tipo social de toda factoría asentada en el trabajo obrero, de gente obrera, ya como trabajadores de la ciudad o del campo, trabajadores españoles en grandes cantidades en esta etapa de Cuba, da lugar a una cultura donde predomina lo popular como es el uso del refrán. Una cultura que no pasa de un nivel raso y que no recogen los libros porque no se traduce en producciones literarias o de otro sentido; pero una cultura sin lugar a dudas.

No es por lo tanto de extrañar el arraigo del refrán en Cuba. Tanto que inclusive, un personaje de germanía, despreciado por todos, en forma tal que la palabra «chuchero» llegó a indicar «algo despreciable», que hablaba en una jerga de germanía, llegó a acuñar un sinnúmero de refranes, muchos de los cuales forman parte de esta recopilación.

Y todos ellos se adaptan, perfectamente, al espíritu de los refranes españoles. Contienen la misma filosofía y dicha con la misma maestría aunque se use la lengua del chuchero.

La cala española, de la que hablamos, es de tal categoría, que si se consulta el diccionario de Salillas sobre el argot, vemos que muchas de las palabras que él usó están en el habla cubana. Otras de ellas son andalucismos. Por ejemplo: «tiene la jeta fu» es de la más pura recidumbre castiza. Y la frase que se le oía continuamente: «chamulla como e»(se aspira la «d»), que tú también eres la cátedra en la «singueso» (sin hueso) de los gaitos, casticísima. Se usa el castizo viejo «chamullar» y «sin hueso», más reciente, por el chuchero, el que repetía continuamente: lo de «chamullar» y la «singueso».

Una peculiaridad del refranero cubano es la influencia que el campo tiene en la ciudad o ésta sobre el campo. Muchas veces el refrán se oye en la ciudad, pero como tiene visos de ser del campo, uno titubea sobre su origen. Uno de estos refranes, verbigracia, reza: «los camaleones en vez de papada tienen levita», y se oye en el campo. No hay que ser muy zahorí, para darse cuenta, para reparar enseguida, que la palabra «levita» nunca la usa el campesino. Y si es así, ¿Cómo es posible que el refrán se oiga en el campo?

La razón es muy sencilla. Debido a la industria azucarera, Cuba estaba llena de ingenios, ubicados por lo general muy cerca de villas y pueblos, y la comunicación por lo tanto entre el campesino y el pueblerino, entre el guajiro –campesino en cubano– y el hombre citadino, es muy completa. De ahí que tanto refrán de la ciudad llegará al campo o de éste a la ciudad. En el ingenio convergían ambos, remacho, los hombres de pueblos, villas y ciudades y los guajiros: los hombres de campo cubano.

Quiero recordar aquí algunos de los centrales (ingenios) que en la provincia de la Habana estaban a poca distancia de las villas y pueblos como: Amistad, Providencia, cerca de Nicolás de Bari, Mercedita Gómez Mena y San Antonio, al lado del pueblo de Madruga.

Mientras la estructura del refrán cubano recuerda a los españoles, reitero, su contenido es, sin embargo, cubano. Muchos de ellos, por usar cubanismos, son difícilmente entendidos por un español a primera facie. Pero si se le repite, a pesar de su cubanidad total y absoluta, el español entenderá el concepto que encierra. La conciencia colectiva funcionando.

Los refranes por lo tanto son cubanos, típicamente cubanos. Cargados del alma de Cuba. Cargados de la sapiencia cubana. Algunos son de difícil comprensión si el que los oye no es cubano, o para el que siéndolo, no conoce el ambiente en que surgieron. Recuerdo otro ejemplo que de esto último da este refrán: «el que no conoce como esquivar el blanco se queda manco». Aún así un español cazador descubre inmediatamente el meollo del refrán.

Este refrán viene del campo de la cacería. El refrán indica que el cazador no se puede poner ropa blanca porque la paloma lo ve enseguida, «lo que hace difícil matarla» (se queda manco: cubanismo que indica que el cazador no logra nada.)

El refrán lleva, por lo tanto, algo que encaja con un mecanismo psíquico del hispano. El misterio de por qué nos gusta una mujer y otra no, aunque sea muy bella, obedece a un tipismo muy elaborado del espíritu humano. Hay centros sensoriales que encienden, digamos, como una luz, que pone en actividad los nervios relacionados con el gusto hacia la mujer.

Algo idéntico tenemos en el caso de los refranes españoles o hispanoamericanos que desarrollan dentro de nosotros una reacción que nos hace identificarlos y apropiarnos de su contenido enseguida.

El refrán español se usa en Cuba continuamente en la conversión. Subsisten en Cuba los refranes más antiguos. El refranero es tan popular que se usa hasta para hacer parodias chistosas. Digamos en este campo algunos que se refieren a la actual situación cubana: «El hábito no hace al miliciano» (en vez de al monje.) «Miliciano que no has de coger, déjalo correr», («Agua que no has de beber déjala correr»). Estas parodias se encuentran en el periódico humorístico *Zig Zag*, así como los que siguen: «El que a buen bote se arrima buena sombra le cobija». («El que a buen árbol se arrima, buena sombra le cobija».) Se refiere al que puede huir en bote de Cuba.

Una diferencia entre estos refranes cubanos y los españoles es que, mientras estos son de una simplicidad extraordinaria en el uso de la lengua, el refrán cubano es a menudo metafórico y apela a la imaginación. Unos casos los demuestran:

Veamos el refrán español que reza: «en casa del jabonero el que no cae resbala». Hay uno que es su opuesto en cubano que es difícil de entender: «Si el fondillo tiene mosca no vale ni el jabonero». Otro inspirado en el español: «Si el jabón se ha hecho espuma camina por la vereda». Otro: «En casa del jabonero el que no cae resbala a menos que ande descalzo». (Es sabido que es más fácil sostener el equilibrio andando descalzo que con zapatos.)

Todo esto indica que el cubano conoce el refranero. Es parte del habla cotidiana del habitante de la Perla de las Antillas. Sin embargo, los refranes populares de Cuba no habían sido nunca recopilados. Ello se debe a la adversión de las clases medias cubanas y de más altitud hacia muchas áreas como la santería, el chuchero, etc. Ello hizo descuidar el estudio de tan importante cuerpo de sabiduría cubana.

Este trabajo de recopilación complementa el libro *Diccionario mayor de cubanismos*[2]. Al lector le será muy útil consultarlo para poder comprender muchos de los cubanismos que aquí se incluyen.

CARACTERÍSTICAS DEL REFRANERO EN GENERAL

Todos los pueblos del mundo tienen refranes aunque ninguno en la cantidad y calidad del pueblo español. Hasta en las tribus nómadas existen los refranes.

Todos tienen un fin didáctico. Todos se proponen hacer del hombre un ser mejor. El refranero nació, por lo tanto con la humanidad, como el chiste. Esto último ha sido demostrado por Freud llevándolo al inconsciente, como algo que está en él antes de la experiencia del niño. Lo mismo pasa con la risa como ha puesto de manifiesto, el filósofo francés Bergson.

Se nace pues con la capacidad de hacer refranes creo yo; como se nace con «tu idioma» al decir del lingüista Chomsky.

No creo, por lo tanto, que en España haya refranes por herencia de los árabes que son un pueblo muy aficionado a ellos. Lo que hizo el refrán árabe fue añadir temas, mostrar campos, y en fin, ampliar el ingenio del español para el refrán.

Hay que tener en cuenta que mientras en muchos países la lengua es un instrumento de comunicación, en Cuba es un instrumento, además, vivencial, donde se proyecta el alma del cubano y su historia. La lengua cubana, por lo tanto, lo recoge todo.

Para mostrar su humor y el no tener temor a la muerte el cubano le llama «a morirse», «entregar el equipo», o «colgar los guantes» o «colgar los «espaik»— «spikes» son los zapatos de los jugadores de

---

[2] *Diccionario mayor de cubanismos*, Ediciones Universal, Miami, 1999.

pelota que tienen unos clavitos en la suela— o «ponerse el chaquetón de pinotea».

Si, por el contrario, el cubano necesita usar el aumentativo acude a la metáfora: Nos dice cuando tiene una mala situación económica, «que se esta comiendo un cable». Pero si esa situación económica es angustiosa el cubano apela a un cubanismo metafórico usando la palabra púa: «Me estoy comiendo un cable con púa». Si ya la económica es desesperada el cubano dirá que «se está comiendo un niño por los pies». Ha utilizado el humor y un aumentativo psicológico. ¡Ya pueden figurarse lo que es «comerse un niño!» ¡Hay que tener hambre para «comerse un niño»!

Cuando el hambres ya es canina el cubano dirá: «me estoy comiendo un niño por los pies con 'tenis' y todo».

Cuando de un héroe se trata y se quiere expresar lo valiente que es se afirmará que «fulano tiene más cojones que el caballo de Maceo». El caballo es un animal de amplios genitales los que en español se utilizan en múltiples aplicaciones populares.

Pero nunca se oirá decir a un español que «fulano de tal tiene más cojones que el caballo de Narvaez»— Narvaez fue un conquistador español— o de Palafox, el héroe de Zaragoza.

No se debe pasar por alto que la lengua cubana se forjó con el impulso andaluz. Fueron los andaluces y los extremeños, pero los andaluces con preferencia, los que pueblan inicialmente Cuba.

Trasmiten la chispa andaluza. El humor; la metáfora; el uso del diminutivo, en fin la flexibilidad de una lengua que es popular y ganara la batalla a la lengua de la Corte, que trataba de imponer un español culto.

Algo de lo que apenas se ha hablado es la importancia que tiene el lenguaje de la cárcel de Sevilla en la lengua andaluza.

Esta cárcel estaba abierta al público en el sentido de que los familiares de los presos casi convivían con ellos y el argot de los mismos alcanzaba la calle. Era un lenguaje secreto que se ocultaba tras la metáfora. Cogió el camino de las flotas y llegó con Colón porque la mayoría de los tripulantes eran presidiarios reclutados a la fuerza en las cárceles españolas.

Cuando se busca el origen del léxico carcelario de Salinas, un criminalista que hizo un diccionario a principios del siglo, se encontrará que muchas palabras que usaba en Cuba el chuchero, que era un personaje de germanía, se remontan a la cárcel de Sevilla.

La flota fue otro elemento que formó el talento lingüístico del pueblo cubano. Se reunía en la Habana por seis meses procedentes de otros puntos del continente antes de emprender, en convoy, el viaje a España.

La marinería es otra de los artífices del lenguaje metafórico como es el de los presos. El contacto de esta marinería, procedente de todos los puntos de la Península hispánica moldeó el universo lingüístico del pueblo cubano.

Únase a esto el negro esclavo. Traía la música, la creatividad lingüística, y la metáfora, desde la lejana África. Todo ello estaba en su alma. Lo llevaron a los cabildos y de ellos surgió la poesía negra, una de las grandes conquistas literarias del continente hispanoamericano. El ritmo habría de permear, así, la lengua cubana, la manera de expresarse el cubano.

Es natural, pues, que el cubano sea un gran creador de refranes. Y que el refrán tenga un ritmo musical que no tiene el español y un sentido metafórico, muchas veces, que tampoco existe en la Península. Un refrán español metafórico como éste: «en casa del herrero cuchillo de palo» no es un patrón que siga el refrán español, casi siempre más ajustado a la realidad, a no salirse de ella; en ver en ella la claridad. El cubano sí le dará, en la metáfora, la chispa al refrán.

ANÁLISIS DEL REFRANERO CUBANO

«Yeguita que se encabrita dale pita». Este refrán es entendido sin dificultad, a pesar de la metáfora, por el cubano. El refrán se refiere a la mujer que se rebela contra los dictados del hombre en general; del marido.

Si se examinan los refranes incluídos en este libro se notará inmediatamente que el uso de la metáfora es constante. Así que vayamos al análisis del refranero cubano.

Por donde quiera que se abra este libro toparemos con el sentido metafórico del refrán.. Y no importa el área de que se trate. Citemos algunos ejemplos: El universo extensísimo de la metáfora que camina las páginas que siguen.

Las hay simples: «El gallego en alpargata termina en piel de charol», o «Kilo a kilo sin cesar el gallego hace un pajar». Los hay más complicado como «Mujer que es ancha detrás es aguarrás» o «para triunfar en la vida nunca ladres a la luna».

Las hay como, «Mulata de guitarrón hace ciclón»; «Bejuco pendenciero coge azotea»; «Comer bollito chino sin cesar atraganta»; «Huye de la voz bonita pues trae pita».

El significado de estos refranes es el que sigue: «Gallego en alpargata termina en piel de charol». El «gallego» es el español emigrante— asturiano, canario o bilbaino, todos llamados gallego en Cuba— que empezaba desde abajo y terminaba rico o sea se compraba zapatos que se usan con «el chaqué»: de charol. «Kilo a kilo, sin cesar, el gallego un pajar» se refiere, como el anterior, al emigrante español, del que existían un gran número en Cuba, que, kilo a kilo —centavo a centavo (kilo es cubanismo)— levantó una fortuna (alta como un pajar); «Mujer que ancha detrás es aguarrás», referido al hecho de que la mujer muy culona, es un elemento non santo, por existir muchas de este tipo entre la gente de baja calidad moral. «Es aguarrás» es un cubanismo que quiere decir que no es muy de fiar; que es bastante salida del tiesto; que no es elemento bueno.

«Para triunfar en la vida nunca ladres a la luna» es «No creas en fantasmas», ya que cuando un perro ladra a la luna se dice que es que ve fantasmas. «Mulata de guitarrón hace ciclón» se refiere a la mujer de cuerpo en forma de guitarra que atrae mucho: «hace ciclón»; «Bollito chino sin cesar atraganta» es una alusión al aparato sexual de la mujer, «el bollo». Atraganta quiere decir que mucho sexo repetido cansa. El bollito es igualmente, una fritura china.

Como he dicho antes, el refrán cubano no es como el español: «árbol que crece torcido jamás su tronco endereza» — de los famosos versos de Samaniego; «Donde las dan las toman»; «Más vale pájaro en mano que ciento volando»; «El que mucho abarca poco aprieta»... Estos refranes no son metafóricos. El español, he dicho, es realista. Se atiene a la realidad.

El refrán cubano, por el contrario, camina en el campo metafórico. Todos los refranes que siguen tienen metáforas psicológicas.

Para aclarar este punto digamos esto: «La pasión sin terciopelo termina en hielo» (o en cero) que indica que si no hay «dulzura» en «la pasión» el amor se acaba; Esto no es metáfora solamente psicológica sino que exige en el oyente una cierta cultura. Pero la que sigue es psicológica pura: «Labios hechos corazón es de mujer del montón», es otra metáfora en la que la mente se representa una mujer con un corazón pintado sobre los labios, lo que hacían las mujeres del arroyo en Cuba. «Con una canción de cuna no se hace suma» tenemos otra metáfora psicológica que atañe a la dulzura de la canción de cuna y como «al que se hace de miel se lo comen las moscas» como enseña el refrán español, que aquí acude a la metáfora.

El refranero cubano está aun por estudiar en amplitud[3]. En su estudio proseguiremos en un próximo libro.

---

[3] Una recopilación y estudio sobre refranes cubanos se encuentra en el magnífico libro *Refranes de negros viejos* de Lydia Cabrera (Ediciones CR. Colección Chicherekú, Miami, 1970). También importante el libro *Habla tradicional de Cuba: Refranero Familiar* de Concepción Teresa Alzola (Asociación de Hispanistas de Las Américas, Miami, 1987).

REFRANERO POPULAR
CUBANO

LA CHAPERONA

Con la chaperona al lado no hay quien no esté salado.

Albahaca

☞ Cuando la muela duele no hay hoja que quite el dolor. (Hay quien recurre a la medicina natural para quitarse el dolor de muelas.)

☞ Bañarse con albahaca del hueco nunca saca.

☞ La albahaca no trabaja. La voluntad sí.

☞ La limpieza con albahaca no limpia el alma.

Automóvil

☞ El que le da candela al cloche no llega lejos.

☞ Motor que maltratas suelta viela.

☞ Para partir el cigüeñal hay que trabajar.

☞ Si falla el carburador no hay limpieza de motor.

☞ El que se «deja cranquear» no es amigo de fiar. («Dar cranque» es un cubanismo que quiere decir «incitar a una persona contra otra o inducirla a hacer algo malo o en contra de sus intereses».)

☞ Carro grande y motor chiquito, carrito.

☞ Carro que echa humo se quema.

☞ Carro con muchas bujías algunas veces no coge vía.

☞ Convertible sin billete le falta el capó. (El convertible sólo no atrae. Se necesita dinero.)

☞ Aunque tengas pico de oro lo refuerza el convertible. (Pico de oro le decían al que hablaba bonito y convencía.)

☞ Si se tranca el cigüeñal el carro no camina. (Hay dificultades insuperables. Sinónimo: «Cuando el mal es de cagar no valen guayabas verdes».)

☞ Aunque se tranque el timón arranca el carro con son. (Aunque tengas dificultades, con alegría, trata de seguir adelante.)

☞ Carro muy lindo por fuera puede estar sucio por dentro. (Las apariencias engañan.)

☞ El jabón con banda blanca, cansa.

☞ Sapolio con banda blanca cansa. (Sapolio: marca de jabón.)

☞ Si el timón está torcido el auto camina mal.

☞ Si el timón está torcido el auto se va de lado.

☞ Hasta el carro de carreras suelta las ruedas. (No te quemes. Toma las cosas con calma.)

Azúcar

☞ Toda azúcar pesa y da dinero y sudor. (No hay nada que no tenga su dolor y sea difícil aunque sea un gran triunfo. El azúcar da dinero, pero mucha gente, sobre todo los estibadores y los cortadores tienen que realizar un trabajo muy duro.)

☞ Si las piernas te flaquean te mueres comiendo azúcar. (El que flaquea frente a una dificultad no triunfa. Es refrán del azúcar. El estibador tiene que cargar el saco de azúcar. Este pesa mucho y si le cae encima lo hiere o mata.)

☞ El café con mucha azúcar se trafuca.

☞ El que mastica la caña chupa dulce pero se le caen los dientes. (El azúcar tumba los dientes. De aquí el refrán.)

☞ Café con miel no es azúcar sino hiel. (Cada oveja con su pareja.) (Cada cosa va con lo suyo.)

☞ Agua con azúcar al levantarse es para enfermarse.

Baile

☞ El que no se para a tiempo no sabe bailar danzón.
☞ Conguero que no sigue ritmo rompe la fila.
☞ El que es sonero mayor no puede desafinar.
☞ No toques diana si no tienes corneta.
☞ No toques ataque si no tienes corneta.

Academia de baile

☞ En la Academia de baile a todos le ponchan el ticket. (La academia de baile era sitios para bailar de mala reputación. Se compraba un boleto —«ticket» en inglés— que mientras uno bailaba un empleado ponchaba. El cubano dice ticket en vez de boleto.)
☞ En la academia de baile la mujer no hace desaire.
☞ En la Academia de baile ni al chino hacen desaire.
☞ En la Academia de baile si no te ponchan «el tíquet» la mujer lo busca al «pique». («Pique» de picar. En la Academia de baile —sitio para bailar— ponchaban el tíquet —boleto— para que no hubiera engaño.)
☞ De Academia bailadora la mujer es matadora.
☞ La que baila en Academia en los ojos tiene anemia.
☞ En la Academia de baile los pies de mujer lloran.

Bandera

☞ Patria y bandera hasta que mueras.

☞ Bandera que se destiñe es de fiñe. (Fiñe: niño.)

☞ No se puede enarbolar bandera desflecada.

☞ No se puede enarbolar bandera cazuelera. (Con historia barata.)

☞ El que enarbola bandera tiene que echar hasta fuera.

☞ Bandera sin sacrificio es estropicio.

Barbero

☞ Barbero viejo pocas veces se equivoca.

☞ El barbero como el perro olfatea la vida.

☞ Barbero de profesión domina la matraca del trompón.

☞ El barbero es perro viejo al que no le caen las pulgas.

☞ Barbero que te aconseja es una moraleja.

☞ El barbero sabe más que la esposa.

☞ El barbero es una mina. Ve con él siempre a la esquina.

☞ El barbero es tijeras y orejas.

☞ El barbero sabe de la vida porque la oye.

☞ Todos los barberos saben de la vida el lenguaje.

☞ Todos los barberos saben de la vida el aguaje.

☞ El barbero es paciencia y paciencia.

☞ El barbero nunca miente por eso da consejos al presidente.

☞ Tijera con experiencia se llama barbero.

☞ Barbero de profesión, sabe bailar el danzón.

☞ Si el presidente oye al barbero se hace hachero. («Aprende un millón»: aprende mucho.)

☞ Aprende del barbero que enjabona y pasa la navaja. (Aprende a triunfar sobre tus enemigos con astucia dando cariño pero usando la fuerza cuando se necesita.)

☞ El barbero, como el perro, olfatea.

☞ Barbero de profesión camina la vida.

☞ Barbero con garrapatas se las sacude.

☞ El barbero es tijeras con orejas.

☞ El barbero es eficiencia y paciencia.

☞ El barbero ya no saca muelas sino que pinta vidas.

☞ Barbero de profesión sabe hablar al corazón.

Bebida

☞ Tres líneas de ron no batean jonrón. («El que mucho abarca poco aprieta». «Batear jonrón» es un cubanismo que viene de la pelota y que quiere decir hacer una cosa grande. Viene del juego de la pelota donde una de las mayores jugadas es «batear un jonrón». En inglés se escribe «Home run». El cubano pronuncia «jonrón». También «Poco a poco se llega a lejos».)

☞ El que toma Peralta se le cae el estómago con Felipe II. (Cada uno nace para lo que es. Peralta es un ron malísimo. Felipe II es mejor.)

☞ Ron y saladito, poquito a poquito. (En las cosas que pueden traer consecuencias hay que ir despacio para hacerlas menos dañinas.)

☞ El que bebe sin comer al suelo verás caer. (Hay que estar bien preparado para cualquier empresa que se acomete.)

☞ Amor con bebida todo es mentira.

☞ Palabras que son de alcohol son guarandol pasado.

☞ Peralta con tabaco no es para un manco. (El Peralta es un ron cubano muy fuerte y barato.)

☞ Peralta con marinero hacen del cerebro cero. (El marinero es la etiqueta de un ron.)

☞ El que no mide los tragos se emborracha.

☞ Bodega sin ron Peralta, salta.

☞ Peralta con Marinero abre agujeros.(El marinero es otro ron.)

☞ No se tome ron peleón sin hígado cabezón. (El ron peleón se refería a una bebida muy mala.) (Hígado cabezón inflamado.)

☞ Si te pasas en el mojito serás diablito.

☞ El que empina el codo se le cae. (La borrachera acaba con el borracho.)

Bicicleta

☞ El que monta bicicleta cuesta arriba se le endurecen las piernas.

☞ El que mucho pedalea con la bicicleta gana.

Billar

☞ Para tirar doblete hay que picar abajo.

☞ El que no sabe de Marcelino se lleva el paño.

☞ El que se la da de taco tiene que meter todas las bolas.

El gallego nunca da mientras no mira el fambá

Bodega

☞ Bodega con camarón retumba como un ciclón. (Es muy buena.)

☞ Bodega con camarón retumba como un eco. (Está llena de parroquianos.)

☞ El gallego nunca da mientras no mira el fambá. (El gallego, el español es tacaño, mientras no vea la belleza del trasero de la negra o de cualquier cubana.) («Fambá» es trasero en africano. Es voz importada del África.)

☞ Para bailar en Jaimanita hay que ser tiza. (Jaimanita es una playa cercana a la Habana. «Ser tiza» es ser muy bueno en algo.)

☞ Bodega sin saladito es pescado frito. (La bodega es el sitio de venta de alimentos diarios: arroz, frijoles, etc. Saladito es comida ligeras, casi siempre salada, para acompañar los tragos.) («Ser pescado frito»: mala.)

☞ Bodega sin son se la come el tiburón.

☞ Bodega de gallego es un fuego. (Es muy buena. «Gallego» español.)

☞ Bodega con solar al lado es canela con candado. (Es un sitio para quedar encadenado a una mulata.)

☞ No hay gallego sin barriga ni ron peleón que no jale. («Gallego»: español, «jalarse»: emborracharse. «Ron peleón» es un ron fuerte.)

☞ Aunque huela a bacalao el gallego da la contra. («La contra»: regalo que se da con la compra de víveres en una bodega: un poco de sal, de azúcar, etc.)

☞ Si el bodeguero sabe fiar la porfía ha de ganar.

☞ Bodega sin victrola no hace ola. (La bodega es un establecimiento de artículos de primera necesidad. «Hacer ola» es un cubanismo: Tener fama, etc.)

☞ Gallego y bodeguero aunque duerma en catre. (Es de fiar la persona.)

☞ Gallego bodeguero huele a bacalao pero se le rompen los bolsillos. (Tiene dinero.)

☞ Bodeguero que no fía muere en la porfía.

☞ El chino toca la verdura como la madre al hijo. (Hay que amar la naturaleza. Además de gallegos había también en Cuba muchos chinos bodegueros y también con hortalizas y puestos de viandas.)

☞ Hecho para el sufrimiento el chino no cree en tormento. (Es muy estoico.)

☞ La paciencia del chino nunca pierde el tino.

☞ La paciencia del chino abre camino.

Boxeo

☞ El boxeador tiene siempre que cubrirse la quijada.

☞ En boca cerrada no entran puños. (Aplica el castizo: «En boca cerrada no entran moscas», al boxeo.)

☞ Boxea bien y no mires con quien. («Haz bien y no mires a quien».)

☞ La vida es como el boxeo pero deja cicatriz dentro.

☞ La vida no es como en el boxeo a quince «rounds» sino a miles. (El round es la parte en que se divide el tiempo que la pelea de boxeo dura.) (Es palabra inglesa.)

☞ Golpe a golpe se tumba al contrario.

☞ Si el boxeador pega fuerte agáchate.

☞ Boxeador que no «yabea» no ablanda al contrario. (El «jab» es un golpe corto. El verbo «yabear» es un anglicismo.)

☞ Como en el boxeo hay que buscar en la vida el golpe definitivo.

☞ «Yabea» y retrocede. (Da —yabear: de «jab» —pero retrocede cuando conviene.)

☞ La diferencia entre el boxeo y la vida es que ésta no usa guantes.

☞ En la vida no se usan guantes.

☞ En el boxeo se «enteipan» los dedos pero no en la vida. (Enteipar es un anglicismo. Se refiere a poner «tape»: poner esparatrapo en las manos del boxeador.)

☞ En el boxeo se usa teipe pero no en la vida («tape» es una palabra inglesa.)

☞ La vida pega más que en el boxeo: adentro.

☞ En la vida como en el boxeo no se corre.

☞ La vida es como el boxeo: agilidad.

☞ Lo duro de la vida es que no se usan guantes ni «tenis» (zapatos de «tennis».)

☞ En la vida te aniquilan; no te tiran la toalla. («Tirar la toalla»: «suspender la pelea» para evitarle daño al boxeador.)

- ☞ En la vida como en el boxeo no se puede tener «quijada de cristal». («La quijada de cristal» es una «quijada floja» que no asimila el golpe del contrincante y el pugilista cae al piso fácilmente.)
- ☞ En la vida no sólo basta tener pegada.
- ☞ En la vida si te duele el cuerpo tienes que seguir peleando.
- ☞ Los golpes de la vida ésos sí que tumban.
- ☞ En la vida al boxeador no le dan respiro.
- ☞ La vida no es como el boxeo sino al duro y sin guante. (Éste refrán popularísimo entre las clases populares cubanas usa un término de pelota asociándolo al boxeo: «sin guante y al duro», es decir «a mano limpia jugar con una pelota durísima».) (Es un cubanismo.)

Cacería

☞ El que se viste de blanco ahuyenta a la paloma.

☞ El que se viste de blanco hace huyuya a la paloma. (Igual al anterior. «Huyuyo» es un cubanismo que significa «huidizo».)

☞ Si tú fajas con premura la paloma no coge altura.

☞ Cuando vuela la paloma si no le tiras te embroma. (No se puede perder la oportunidad. La paloma rabiche tiene una vista tan perfecta que lo ve todo y cambia el rumbo súbitamente.)

☞ Si la tojosa se posa no le tires. (Y aunque no se pose.) (No pierdas tiempo con las cosas pequeñas.)

☞ La paloma sabe que el color blanco engaña.

☞ El que no conoce como esquivar lo blanco se queda manco. (El que no sabe, perece. La ropa blanca ahuyenta a la paloma.)

☞ Para cazar venado hay que andar en aspargata (alpargata.)

☞ Al venado sólo lo mata el balín.

☞ El pato que está huyuyo vuela alto.

☞ Con perros no se saca al venado del monte.

☞ El hombre es como el venado: se come las ramas que lo protegen.

☞ Torcaza tiroteada vuela alto. (Corresponde más o menos al español que dice: «gato escaldado huye del agua».)

☞ Para coger el venado se necesitan piernas y puntería. (Para hacer algo.)

☞ Cuando rompe la quebrada hay que tirar al voleo. (Algunas veces se presentan tantas situaciones que hay que afrontarlas como se puede. En el lenguaje del cazador de codorniz «romper la quebrada» es cuando el bando de codornices vuela. Se tira casi sin apuntar llevado por la intuición. De aquí este refrán del cazador.)

☞ Perro que no olfatea no es de pelea. (El que tiene olfato no llega a nada.)

☞ Perro con moquillo no camina mucho trillo.

☞ A perro con garrapata hay que darle creolina. (A grandes males, grandes remedios.) (La creolina era un poderoso desinfectante cubano.)

☞ Sabiduría de perro viejo te deja lelo.

☞ Perro ciego en experiencia viejo.

☞ Perro que ladra espanta al venado.

☞ Pasar más hambre que un perro de vega. (En las vegas se tabaco se alimentaba mal a los perros para que estuvieran furiosos y cuidaran mejor.)

☞ El que no espera sorpresa se le escapa el venado.

☞ Si el invierno se retrasa, el pato no llega. (Hay que hacer las cosas a tiempo para evitar dificultades. Este refrán es de los cazadores de pato en Cuba. Algunas veces el invierno se retrasaba y no llegaban los patos de la Florida a Cuba.)

☞ Conejo saltarín ni al raso ni con balín. (Cada cosa tiene su método. Cuando el conejo salta mucho se le tira a él directamente y no al raso. A ras de tierra. Se le tira con cartucho de perdigones, porque con un balín es muy difícil darle. Este tipo de refrán es muy común. Este pertenece al ramo de la caza de conejo.)

☞ Para matar al conejo tira a ras de tierra. (Refrán de cazadores de conejo.)

☞ Si el conejo se para, dispara. (Cuando te muestran un lado flaco, ataca. Es refrán de los cazadores de conejo.)

El que viene con café sabe de «mamá Iné».

Si la suegra da café cuídate del bilongo.

Café

☞ El cigarro y el café siempre juntos no al revés.

☞ Si el café es mañanero levanta hasta el más cerrero.

☞ El café en el platico para mujeres es rico.

☞ Un buen café mañanero, jilguero.

☞ El cigarro y el café son amigos sin envés.

☞ Café frío al estómago da lío.

☞ Café muy azucarado no lo toma el aguzado.

☞ Mucho café sin comer para el baño has de correr.

☞ Un café y un buen tabaco hacen de felicidad un saco.

☞ Con la borra del café el pobre hace bembé (baile afrocubano.)

☞ Cuando la borra se cuela, bota el café.

☞ Agua después del buchito mata el cafecito.

☞ El disfrute del café es sin agua su merced. (Hay que saber hacer las cosas.)

☞ Café que va en el platito buchito a buchito. (Hay cosas que hay que hacerlas despacio.)

☞ El café con mucha azúcar se trafuca.

☞ Si el café no está caliente te hace doliente.

☞ Café con miel no es azúcar sino hiel. (Cada oveja con su pareja.) (Cada cosa va con lo suyo.)

☞ El café no hace trabajar más sino lo acompaña el espíritu.

☞ Al café con leche hay que echarle azúcar y sal. (En la vida hay que saber cuando hay que ser suave o ríspido.)

☞ El que viene con café sabe de «mamá Iné».

☞ Si la suegra da café cuídate del bilongo.

Campesinos

☞ Aunque huya, el cimarrón le hace frente a los perros.

☞ Para resistir la vida hay que ser como bambúa.

☞ Al esbirro no lo hace el uniforme sino la entraña.

☞ Guardia rural y paraguayo, cúbrete las nalgas.

☞ La vida da más planazos que un guardia rural.

☞ Si te llaman del cuartel coge el monte.

☞ El que anda por el piñón botija se hinca. (El que hace cosas mal hechas o anda con malas compañías termina mal.)

☞ Cuando sopla brisa afinca el bejuco. (Cuando veas las barbas de tu vecino arder pon las tuyas en remojo.)

☞ Viento platanero no se lleva bejuco. (Del hombre débil nada se dice. El viento platanero es un viento muy suave.)

☞ Bejuco que camina trepa alto. (El que se lo propone llega alto.)

☞ Las malas pasiones hay que arrancarlas de la raíz.

☞ A marabú encajado no basta con candela. (El marabú es una planta cubana que crece desmezuradamente e invade los campos. Hay que darle candela pero si queda una semilla o una semilla es llevada por el viento se multiplica enormemente.)

☞ Guitarrero de décima no trabaja conuco. (El que pierde tiempo tocando guitarra y cantando no ara la tierra.)

☞ Machetero que no afila se corta el dedo.

☞ Un solo corte no tumba caña. (A la caña hay que darle tres cortes para cortarla.)

☞ Machetero que corta caña no debe cortar bejuco. (Equivale al castizo: «zapatero a tu zapato».)

☞ La zafra como la vida termina en tiempo muerto. (Se refiere a la zafra azucarera que duraba pocos meses. Luego venía el tiempo muerto, llamado así pues muchos guajiros no encontraban trabajo.)

☞ Conocimiento de piña de ratón cura el estómago y mata el riñón. (Es peor el remedio que la enfermedad.)

☞ Nunca te fumes el tabaco por la candela.

☞ El que come ajonjolí se le pega la lengua.

☞ Tranquilo el jubo bajea al pajarito (el jubo es una serpiente que se come los pájaros.)

☞ El jubo no hace ruido pero hipnotiza.

☞ Sijú platanero no hace gavilán. (Si no se tiene buenas cualidades no se triunfa. Nada se puede sacar de donde no hay.)

☞ El que croa es porque le gusta el agua. (Todo el mundo es como es y no se le puede cambiar.)

☞ Aunque el dágame no florezca se le pudre el tronco. (No se puede huir de lo inevitable. El dágame es un árbol cubano que se llena de flores blancas cuando florece. Este refrán lo he oído varias veces así: «Aunque el dágame florezca a la larga se le pudre el tronco».)

☞ Hay flores que en vez de indultar fajina envenenan la vida. (Hay cosas que por bellas que parezcan o traen desgracia o no mitigan el dolor. Este refrán es como éste: La flor del pantano aunque blanca es flor de muerte.) (Indultar fajina: no trabajar.)

☞ Con el cogollo de pan se hace ron. (De cualquier mala situación se sale.)

☞ Para que haya buen ron se necesita luna. (Si no lo tienes todo montado las cosas no salen bien.) (Viene de la costumbre de poner el ron expuesto a la luna para mejorarlo.)

☞ Sitiera que manda entrar es para trajinar. (Hay que interpretar bien lo que te dicen.)

☞ Si el horcón es de majagua no le entra comején. (Cuando se tiene un carácter hecho no hay forma que lo dobleguen.)

☞ Caballo que corcovea a la batea. (Lo que no sirve deséchalo.)

☞ Caballo que ve mal al fangal. (El que no prepara las cosas bien, fracasa.)

☞ Gavilán pollero, manigüero. (El gavilán cubano roba pollos por lo que no vale nada: «manigüero».)

☞ Para ser camaleón no hace falta cambiar de colores.

☞ Hay camaleones que en vez de papada tienen levita.

☞ Si es camaleón con levita rehúsa cita.

☞ Cuando el río suena lleva aguacates.

☞ Si el puntero no pincha no avanza la carreta.

☞ Entre las flores puede nacer zarza.

☞ Cuando el sinsonte se atraca no escapa al cazador.

☞ Por la cagada se conoce el pájaro.

☞ Como así come, caga el pato. (Cada uno es como es.)

☞ Gallina que no pone no saca pollo.

☞ El que juega a la gallinita ciega se lo come el majá.

☞ La lechuza no es sabia porque tiene ojos grandes.

☞ Para hacer caldo de gallina hay que hervir el agua. (Trabajar.)

☞ El que cruza talanquera ajena puede perder la sesera.

☞ El que cruza talanquera ajena no tiene sesera.

☞ Cuando la vaca se tira hay que levantarla a golpes.

☞ Aunque el marañón aprieta no sujeta.

☞ El marañón aprieta la boca pero no la lengua (Al comer el marañón –fruta cubana– parece que pega la boca.)

☞ La mala lengua vence al marañón.

☞ No todo el mamey es masa.

☞ La vida como el arado deja surcos.

☞ Hay bejucos que hacen saltar el machete.

☞ La luna de la sabana te guía como campana.

☞ Cuando la luna corre el cielo hay enero. (Cuando hay buenos augurios hay un magnífico comienzo.)

☞ Conocimiento de canela: abortas y no te quemas.

☞ La piña es dulce y de la tierra pero algunas veces hinca.

☞ Nadie corta bien la piña sin un cuchillo adecuado.

☞ De paloma hacia el dormitorio el cazador hace mortuorio.

☞ La palma aunque sea enana adorna bien la mañana.

☞ Si se enredan dos bejucos hacen miga. (Hacer miga. Castizo: ser buenos amigos.)

☞ Bejuco y marabú forman yaya. (Dos malas pasiones resultan en heridas.)

☞ Para cortar bejuco machete amellado no prospera.

☞ Mientras más flaco el bejuco más duro el amarre. (No hay enemigo pequeño.)

☞ Bejuco que no se afinca no hay hierba que lo enderece. (No hay nada contra la impotencia.)

☞ Donde hay marabú, además de candela, arado.

☞ Donde hay marabú, además de candela, arado.

☞ Mujer que es vara en tierra pasa la vida con ella.

☞ Cuando el vara en tierra es fuerte no hay ciclón que lo descuje.

☞ Si te toca mujer mala huye por la sabana.

☞ La cinturita de avispa algunas veces es ponzoña. (Hay mujeres muy bellas con cintura de avispa pero mal corazón.)

☞ Bejuco trepador aunque lo corten, crece.

☞ Si la cagada es de pájaro aunque vigiles el cielo.

☞ Sé yúa en el monte. (Ser un carácter, ser fuerte de espíritu, ser valiente. Es un refrán típico del campo cubano. Ha sido exportado a la ciudad.)

☞ Hay quien se roba el caballo para quedarse con la montura.

☞ Cuando la paloma se atraca no vuela.

☞ Algunas veces la guanábana se vuelve tamarindo. (La situación cambia de lo dulce, guanábana, a lo agrio, tamarindo. La guanábana y el tamarindo son frutas cubanas.)

☞ Cuando se tumba caña no se puede tomar guarapo.

☞ ¡Cuídate del bejuco! Enrosca muro. (Cuidado con el hombre que no parece gran cosa. No hay enemigo pequeño.)

☞ El que va como el bejuco no queda al aire. (El que va poco a poco, triunfa.)

☞ Bejuco caminero, hipócrita y trapalero. (El que cambia continuamente de opinión no es de fiar.)

☞ Hay bejuco que sólo lo corta el hacha. (A veces hay que tomar medidas extremas.)

☞ Para cortar bejuco machete amellado no trabaja.

☞ Si no sabe de candela el café carretero huele mal.

☞ Si no sabe de candela se quema el café carretero.

☞ El quimbombó viene con baba y hay que cortarla.

☞ La yuca, aunque blanda, tiene hebras.

☞ Cuando el ciclón amaina comienza la recurva.

☞ No te cuides sólo del ciclón, cuídate del ras del mar.

☞ Cuando el ciclón amaina comienza la tormenta.

☞ El guajiro es caña brava desde la cama.

☞ Guajiro que sale malo peor que palo con avispa.

- ☞ El guajiro aplana montes y captura sinsontes.
- ☞ El niño que roba bolas ser político adora.
- ☞ Guajiro manigüero se vuelve pendenciero.
- ☞ Para tocar la bandurria hay que ser guajiro.
- ☞ El guajiro sabe que sólo la candela mata al marabú.
- ☞ Cuando el arado es de palo se necesita guajiro macho.
- ☞ Si el arado es de palo se quiebra.
- ☞ Los bueyes no tiran bien cuando no hay maña detrás.
- ☞ Cuando el perro es «jaragán» (haragán) no lo endereza ni el grito.
- ☞ Perro que no coge trillo ni a palo aprende.
- ☞ Para aguijar a los bueyes hay que saber tocar.
- ☞ Si el caballo se desboca, amárrate y no abras la boca.
- ☞ Cuando la silla se afloja te vas al suelo.
- ☞ El caballo pequeño corre grande.
- ☞ Si la luna corre en el cielo se acerca la tempestad.
- ☞ Para un viento platanero no se necesitan tiros.
- ☞ Cuando la manga de viento se agita no hay tiro que la haga agüita.
- ☞ Hasta el henequén se puede recoger a mano limpia.
- ☞ Hasta el fresquito puede hacerse ciclón.
- ☞ Si el viento se hace ciclón no hay danzón. (No hay alegría.)
- ☞ El vara en tierra sirve para todo no sólo para el ciclón.
- ☞ El café carretero no es de barriga débil.
- ☞ Para tomar café carretero hay que ser herrero.
- ☞ Café carretero con carbón es cimarrón.
- ☞ El que no ordeña a mano lo que saca es malsano.
- ☞ Guajiro que monta pupú no pica bueyes. («Pupú»: automóvil.) (No trabaja.)
- ☞ Guajiro con ropa fina no hace fajina.
- ☞ El que olvida su bohío termina frío.
- ☞ Guajiro con vaselina, guagüina. (sinverguenza.)
- ☞ Guajiro metido a chulo lo tumba el mulo.
- ☞ Guajiro de jipijapa termina sin vaca.
- ☞ El guajiro con mamey, de ley.
- ☞ El que olvida la sitiera se convierte en mamoncillo.
- ☞ Solo el cogollo de la palma es el alma.

☞ Sin el arique pegado el cubano está cagado. (Hay que ser fuerte como el campesino.)

☞ Mientras más tierra cubana más cubanidad.

☞ El que no tiene cintura para montura de palma no coge altura.

☞ Perro cimarrón le huye al fogón.

☞ El puerco que se baña en el lodo siempre busca a alguien para limpiarse.

☞ Si enchinchas mal el caballo el animal no camina.

☞ Si enchinchas mal el caballo espera el suelo.

☞ Caballo que va a fustazo termina por tirarte.

☞ La leche sin suero es como el hombre sin deseo.

☞ Para asar una jutia hay que ser buen cocinero. (Sino huele mal.)

☞ Si el guineo echa a volar hay que saber tirar.

☞ Cuando el agua cubre el puente no cruces el río. (Hay que saber se precavido.)

☞ La mazorca de maíz para el asma por ser mazorca y no por la brujería. (Para quitar el asma se usa la mazorca del maíz; y se usa igualmente en los ritos de las religiones africanas vigentes en Cuba que llegaron con los esclavos.)

☞ En vez de jugar cabeza llama al médico. (Se llama jugar cabeza los ritos de las religiones africanas vigentes en Cuba y llevadas por los esclavos que consisten en poner un muñeco en la cama del enfermo para que la enfermedad pase del enfermo al mismo.)

☞ Si el bebé está barrigón hay que fajarlo. (Cuando algo se complica hay que batallar para resolverlo.)

☞ El que mastica la caña chupa dulce pero se le caen los dientes. (El azúcar tumba los dientes. De aquí el refrán.)

☞ En vez del perfume, el hombre debe oler a tabaco.

☞ El olor a tabaco denota hombría.

☞ Boniato sembrado en cresta se lo lleva el agua.

☞ Para sembrar el boniato hay que buscar tierra alta.

☞ Si el cielo se pone negro guarécete.

☞ La vaca, aunque mira triste, da buena leche.

☞ Cuando el cundiamor trabaja el hígado no está en baja sino el alma. (El que está enfermo del hígado tiene depresión.)

- El cundiamor cura el hígado pero no el mal carácter.
- El jazmín del corazón no lo ablanda cuando es duro.
- Chapear un monte cría callos.
- Cuando se chapea un monte hay que tomar agua.
- Sorbiendo agua buchito a buchito se chapea monte.
- Si la mocha esta abollada el esfuerzo no camina.
- Para llegar lejos no enseñes el alma buena.
- La bondad sin carácter es una mocha abollada.
- No sólo el canto conquista la guajira. (Guajira: campesina.)
- Fruta que ha picado el ave no la tragues.
- Cuando el viento comienza a soplar duro corre para el vara en tierra.
- Aunque el viento no sople si el cielo se encapota no olvides el vara en tierra.
- El que fuma buen tabaco vive mucho rato.
- Si ves una manga de viento en vez de tirarle tiro corre para el vara en tierra.
- Cuando la guanábana cae recógela y haz champola. (No dejes nada para mañana. Champola es un batido de guanábana; fruta cubana.)
- Nunca enciendas reverbero si tienes poco pulmones. (No enciendas la candela: no busques pendencia.)
- Para bailar el zapateo hay que quitarse el meneo. (Hay que tener una postura para cada acto de la vida.) (El zapato se baila sin meneo.)
- Hasta quijada de burro muerto hace música. (Todo lo que la naturaleza da es bueno.)
- Cuando el pájaro se posa muere más fácil.
- La vaca horra jamás sera recentina. (Equivale al catizo: «árbol que crece torcido jamás su tronco endereza».)
- El jiquí metido en agua se convierte en piedra. (El hombre fuerte ante las circunstancias, se crece.)
- Al jiquí hay que barrenarlo. (El jiquí es la madera más dura.)
- La yagua que esta para uno no hay vaca que se la coma.
- El que nace para real nunca llega a peseta.
- El jiquí y la quiebrahacha le parten a los gavilanes al hacha.

☞ La paloma nunca pierde el dormitorio.

☞ La yagua de la palma hace bohío. (Todo en la vida es útil.)

☞ La mariposa es frágil pero quiere libertad.

☞ El tinte de la mariposa llora libertad.

☞ Sólo boniato con agua, no es cosa como majagua. (No es comida nutritiva.)

☞ El que bebe en jícara también sacia la sed. (Equivale al castizo: «Poco a poco hila la vieja el copo».)

☞ El que bebe en jícara pequeña también sacia la sed. (Igual que el anterior.)

☞ La güira es muy pequeñita pero hay que saber moverla. (La güira es un instrumento musical que se hace de la mata de güira.)

☞ Para sonar las maracas hacen falta municiones.

☞ Sitiera emperifollada espera novio.

☞ El buey al que no lo pican se hinca.

☞ «El que pela con güira arruina el pelado». (En tiempos calamitosos los campesinos se ponían un casquete hecho de la fruta de la güira —producto de una mata— y otro lo pelaba por los lados.) (El que no hace las cosas bien no triunfa.)

☞ «La vida es como la palma, hay que saber subirla».

☞ Mango que esta pintón da empacho. (El mago verde indigesta: hay que dejar madurar las cosas para triunfar.)

☞ Por alto que el aura vuele siempre la alcanza el pitirre.

☞ En Cuba, hasta el sijú es platanero. (Todo el mundo es cariñoso.)

☞ El que camina entre el guao se quema. («El guao» es una planta cubana que afecta la piel.)

☞ Cuando la guanábana cae aunque se despachurre se hace champola. («Champola»: refresco de guanábana.)

☞ La ceja de monte aguanta el fuego.

☞ El que camina potrero tiene que saber el sendero.

☞ Si el «jaragán» coge el trillo, síguelo. (El «jaragán», «haragán» es un nombre de perro muy popular en el campo cubano.)

☞ Un buen ron con yerba buena noche serena.

☞ La mejor hamaca es la sitiera.

☞ Para calmar la fajina la cama es sitiería.

☞ Para coger la rabiche arroz o palmiche.

☞ Sólo la tojosa vuela cuando la tarde es serena.

☞ Si el caballo coge monte no hay bocabajo que valga.

☞ Para domar un caballo hay que darle componte.

☞ Por mucho que el jubo corra siempre lo agarra la bota.

☞ Si echas en un surco piedras sacas centellas.

☞ No se saca el machete para cortar tusa de maíz.

☞ Si el cielo está sin estrellas hay que volver a la sitiería.

☞ Al compay con ojos rojos ponle sonrojos.

☞ Los ojos colorados llevan sangre.

☞ Para matar al lechón hay que hacerlo de sopetón.

☞ Porque canta el tocoloro no descuides la fajina.

☞ Pelo largo de mujer siempre cuelga.

☞ Pelo y mariposa lleva a la soga en la guásima.

☞ La yagua no sirve para pilote.

☞ Cortando cojones se aprende a capar.

☞ Cuidado con la manigua, tiene nigua.

☞ Nunca desprecies el moho, cura herida de machete.

☞ No siempre el fango empantana pues sana herida temprana.

☞ Hay mujeres que son ciguapa. (De Pinar del río. La ciguapa es la muerte.)

☞ El que se pierde en la sabana encuentra la ciguapa. (De Pinar del río. El que se pierde en algo encuentra el fracaso. La ciguapa es la muerte.)

☞ La piedra se hace lajas cuando la baña mucho el río.

☞ Para subir a la palma hay que saber poner lazos.

☞ Cuando el caballo es bueno no necesita espuelas.

☞ Si hincas mucho la espuela el caballo se revira.

☞ El que sabe de espuelas nunca hinca al caballo.

☞ El cariño más que el lazo doma al caballo.

☞ Guajiro muy cantador mal trabajador.

☞ No por tener vozarrón se hace obedecer al perro.

☞ El que tira de las tetas de la vaca no saca leche.

☞ La sombra del guao revienta.

☞ El gallo que no canta algo tiene en la garganta.

☞ La flor de botón de oro no es oro. (No llevarse por apariencias.)

☞ La adelfa aunque es flor tiene veneno. (Cuidado con las apariencias, que engañan.)

☞ Cuando falta el güiro la orquesta chilla. (Cuando algo no se hace bien, fracasa.)

☞ Cuando el güiro está caliente explota hasta el más valiente. (Güiro: cabeza.)

☞ Si disparas de pronto, sigue disparando.

☞ Rural con paraguayo hecha un bayo.

☞ Aunque el tronco esté podrido el dágame florece. (No te dejes vencer por los problemas.)

☞ La penca que viene abajo adorna o descalabra. (La vida es lágrimas y risas.)

☞ Si quemas junto al bohío éste puede coger fuego. (Cuida mucho tu hogar con amoríos.)

☞ Cuando el horcón se vira todavía el bohío aguanta. (No te rindas.)

☞ El guajiro es caña brava desde la cuna.

☞ Si el guajiro sale malo es peor que un nido de avispas.

☞ El guajiro aplana montes y captura sinsontes.

☞ Guajiro manigüero se vuelve pendenciero. («Manigüero»: sin educación.)

☞ Para tocar la bandurria hay que ser guajiro.

☞ No hay gente de la ciudad que pueda tocar quijada de caballo. (Equivale a «zapatero a tu zapato».)

☞ El guajiro sabe que no solo la candela mata el marabú.

☞ Aunque el gusano se estira no llega a majá.

☞ Aunque los dos son madera no es lo mismo el guayacán que la caoba.

☞ Si quieres vender totí enseña primero el sinsonte.

☞ La abeja nunca pica al colmenero porque ella tiene olfato. (Hay que ser vivo en la vida.)

☞ El puerco jíbaro se rasca en el almácigo. (El almácigo es un árbol de corteza suave, acariciadora. El guapetón solo se mete con el débil. Con el que no le hace frente.)

☞ El puerco jíbaro no se rasca en el palo de jía. (El palo de jía es un árbol de tronco espinoso. El guapo no se mete con los peligrosos.)

☞ El puerco sabe al palo que se arrima (Muy popular.)

Caña

☞ La mocha que no se amola rebota.

☞ Si no se limpia la caña se la come el bejuco.

☞ El buen cortador de caña no toma guarapo.

☞ Hay que cortar caña sin que te coja la pelusilla.

☞ Para cortar caña hay que empezar con la fresca.

☞ El que coge guardarraya no tumba caña.

☞ El tacho hace dulce pero también corta dedo.

☞ El que no maneja la centrífuga quema la caña.

☞ Cuando se corta caña hay que dar mocha y no hablar.

☞ Si la caña no da jugo no la masques.

☞ Para no quemar la caña fuma «Rompe pecho». (Cigarro que se fumaba en los campos cañeros y no quemaba la caña.)

☞ La caña de azúcar es dulce peo hay que saber cortarla.

☞ En la caña de azúcar si fallas el corte te hieres.

☞ En la caña de azúcar si fallas el corte se te va la mocha de la mano.

☞ La caña de azúcar es dulce pero quema.

☞ La caña de azúcar es dulce pero le dan candela.

☞ Si la mocha da de canto rebota en la caña.

☞ La caña es dulce pero tiene pelusa que revienta.

☞ Si es caña dulce si hay que afilar la mocha.

☞ Pedazo escondido se hace bagazo.

☞ Pedazo escondido nunca se escapa al trapiche.

☞ Del bagazo duro se hace jugo. (Siempre se puede vencer.)

Carpintero

☞ El que juega con cola se pega.

☞ Carpintero sin medida arruina la madera. (Zapatero a tu zapato.)

☞ El que mucho martillea se coge el dedo.

☞ El que hace cola se pega.

☞ Si usas plomada y flota no hay derrota.

☞ El cepillo hace nivel pero también desnivel. (Hay que hacer las cosas muy bien. No se puede improvisar.)

☞ Carpintero sin sierra tiene que echar el bofe. (Equípate para triunfar.)

☞ Si al carpintero se le va la trincha se lleva el pedazo. (Cuidado con lo que haces. Hay que ser precavido.)

Chuchero
(Personaje de germanía cubano.)

☞ Leita que pide horloyo es de Marina y Morrocoyo. («Horloyo» es reloj. La casa Marina era una famosa casa de prostitución en La Habana. «Ser morrocoyo» es no ser confiable.)

☞ Leita que come alpiste es fumeca aunque de seda se viste. (Es un refrán que recuerda al castizo: Aunque se vista de seda la mona, mona se queda. «Leita» es mujer joven y «comer alpiste» es un cubanismo que indica «aceptar requiebros», «aceptar lisonjas». «Fumeca» es persona que no sirve para nada.)

☞ Una lata y banda blanca deja a la leita manca. (La lata es el automóvil y la banda blanca es una goma vistosa que tiene una banda de color blanco sobre el negro.)

☞ Leita que gusta montar pupú es fu. (El pupú es un automóvil y «fu» es malo. Son cubanismos.)

☞ Legisla con el moropo o quedas fuera de foco y corrido en la pantalla. (Piensa bien. «Moropo» es palabra de los esclavos africanos: cabeza.)

☞ Al que le gusta ser barín chamúllale con la guataca. (Si ves que la persona es susceptible al halago, háblale elogiándolo. «Guatecar» significa halagar. «Chamullar con la guataca» es un cubanismo, y lenguaje del chuchero, que significa igualmente, halagar.)

☞ Al que le gusta ser barín dale aserrín. (Es sinónimo del anterior. «Dar aserrín» es sacar brillo. Es un cubanismo.)

☞ Mujer que se guilla de fista es fumeca, engañadora. (La mujer que se hace la buena, que tiene muchas cualidades, que es de clase alta, no sirve para nada. «Guillarse de fista» es un cubanismo que quiere decir «hacerse una mujer de alta sociedad; de gran familia; de gran educación; en general «fingir una mujer lo que no es». «Fumeca» es lenguaje propio del chuchero: mala.)

☞ Si te cogen en un afano, échale la culpa a un guanajo. (Si te sorprenden robando, échale la culpa al que sea un bobo, a un inocente. «Afano» es lenguaje de germanía que usaba el chuchero heredado del caudal de la germanía. Ver Salillas en su estudio sobre el lenguaje de los delincuentes. «Guanajo» es un cubanismo que significa, tonto, inocente, bobo.)

☞ La «lea» que es fácil te pone los «troles» fácil. (La mujer que se da fácilmente, fácilmente engaña. Lea es mujer joven y «poner los troles» es un cubanismo que significa engañar una mujer a un hombre. Pegarle los tarros.)

☞ Jeva con atrile grande como jama carburante. (Una mujer con un trasero hermoso hace al hombre gastar dinero en ella: come dinero. Este refrán del chuchero usa su lenguaje «atrile» trasero y el cubanismo «jamasar» comer. «Jamar carburante» es otro cubanismo que quiere decir «ser algo que gasta mucho dinero».)

☞ Flotantes grandes se caen. (Todo termina por grande que parezca. Este es un refrán muy popular. «Las flotantes» un cubanismo que indica los senos de una mujer.)

☞ Lea que no baja guanajo, chágara por la jeta o el fambá. (Este refrán es de los chucheros que eran chulos. Indica que la prostituta que no da el dinero hay que darle una picada de navaja en la cara o en el fondillo. En general, que a lo que se opone hay que afrontarlo fuertemente. «Bajar guanajo» es un cubanismo: dar dinero. «La jeta» es palabra castiza que significa cara y que usaba el chuchero y «fambá» es palabra llevada por los africanos, los esclavos, a Cuba, que significa trasero.)

☞ El que te salpica de chicle casi siempre vira la cajetilla. («Salpicar de chicle» es alabar, amar. «Virar la cajetilla» es engañar. Ambos son cubanismos.)

☞ Salpicador de chicle hace maraña gorda.

☞ Enemigo que jamas es amigo bueno. (Jamar es conocer. Es un cubanismo.)

☞ Caminao de tomeguín compra yegua. Por el caminar se ve que es homosexual. «Yegua es homosexual».

☞ El que te da majarete lo mismo te da tolete. (Majarete: un ducce.)

☞ El que chamulla barín tumba los cocos al fin. (Chamullar es castizo: es hablar. «Barín» es bueno, bien. «Tumbar cocos» es un cubanismo que indica triunfar.)

☞ El que le mete al encufo tiene tufo. (El que va a la cárcel está marcado. «Encufo» es cárcel.)

☞ El que no ha estado en el emboque es palitroque. (El que no ha estado preso no sirve para nada. «Emboque» es cárcel. «Ser palitroque» es un cubanismo que quiere decir: «ser flojo», «no servir para nada».)

☞ Ante (antes) que el hierro usa la sin hueso. (Trata de dialogar antes de usar el cuchillo.)

☞ El que come marañón no resbala la sin hueso. (El que tiene voluntad no canta ante la policía. Es refrán de las cárceles cubanas. El marañón es una fruta que se come y aprieta la boca.)

☞ Si chapean bajito hay que meterle el pierrili. (Si la cosa está difícil hay que correr. El lenguaje del chuchero. «Chapear bajito» es un cubanismo que quiere decir: «matar», «Meterle al pierrili» es otro que quiere decir «correr, huir».)

☞ Ante el juez bota la fumina. (No discutas con autoridad. «Fumina» es révolver.)

☞ Si el rufo se desorbita y se asoma «el polisman»: agua fría aquí». (Hay que mantenerse quieto antes las situaciones más peligrosas. No se puede perder el control. Según su lenguaje, rufo es la persona que está bajo el efecto de la marihuana; el rufo desorbitado es el que pierde el control; el polisman es la policía: «agua fría aquí» es un cubanismo que significa «Calma».)

☞ Donde el juez te encana cambia de manzana. (Vete, múdate, encaminate a otro sitio del que tu vives y frecuentas y vete a otro donde nadie te conozca si te condenan a la cárcel o atrapan infraganti. «Encanar» es meter en la cárcel. «La manzana» es una palabra castiza que se refiere al perímetro en que se vive.)

☞ Lo mejor del pichón no es la puntica sino el vacilón. (Lo mejor de una cosa, algunas veces, es diferente de lo que uno cree. «El pichón» es el cigarro de marihuana y «el vacilón» es la borrachera de la marihuana. Este refrán tiene una variante que indica que lo mejor de una cosa es toda ella. Que hay que disfrutarla plenamente. «Lo mejor del pichón es la puntica y el vacilón».)

☞ El que aguanta un «José Luis» es un «achón» y te parte el esternón. (Este refrán del vicio, como los dos anteriores, quiere decir que el que aguante, por ejemplo, un dolor grande, es un hombre de verdad a quien no hay quien se le pueda poner delante. El «José Luis» o «Yoe Luis» es un cigarro de marihuana que lleva el nombre, por su fortaleza, del campeón mundial de boxeo, «Joe Louis». El «achón» es un hombre valientísimo y «romper el esternón» es un cubanismo que quiere decir: «destruir», «aniquilar» sobresalir, sobre alguien.)

☞ El que chamulla barín tumba los cocos, monín. (El que habla bonito convence a cualquiera. «Barin» es bueno, «tumbar cocos» tener éxito. Monín: amigo.)

☞ Al que le gusta ser barín chamúllale a la guataca sin fin. (Barín es importante y guataca es oreja. Guataca es cubanismo.)

☞ Al que le gusta ser barín dale aserrín. (Halágalo.)

☞ Legisla con el moropo o quedas fuera de foco o corrido en la pantalla. («Legisla con el moropo». Piensa bien. «Corrido en la pantalla» fracasar. Cubanismos.)

☞ El que te toca el inán, mándalo para el hospital. (El «inan» es el trasero. Es palabra africana.)

☞ Cuando el leo no te aboque hasta donde dice «trade mark». (Cuando tienes una pelea con alguien atácalo hasta aniquilarlo. «Leo» es hombre y «hasta donde dice trade mark» es un cubanismo que indica que el golpe sea a fondo, que el cuchillo hay que clavarlo hasta el cabo donde dice, «trade mark»: marca registrada.)

☞ El que hace el guapo contigo, mátalo.

☞ Fambá voluminoso moropo roto. (Mujer con trasero grande y bonito vuelve loco al hombre.) («Moropo» es «cabeza».)

☞ El que chamulla barato coge ventrecha de plato. (Chamullar barato aunque usa dos palabras castizas, significa, en el lenguaje del chuchero, «hacerse el guapetón» con alguien, «coger ventrecha de plato» se refiere al cubanismo, partirle a alguien la ventrecha: matarlo.)

56

☞ Chuchero con panza e burro hace disturbio. (Aléjate del chuchero: éste es, como se sabe, un tipo de germanía con un lenguaje y vestuario popular que floreció en Cuba en los cuarenta y que era carne de presidio.) (Es refrán no del chuchero sino contra el chuchero.)

☞ Socarios cimarrones duelen más que limones. (Los ojos bellos de una mujer llegan al alma y se enamora uno de la mujer. En el lenguaje peculiar del chuchero los «socarios» son los ojos. El dolor está dado por la metáfora del limón que es ácido en este refrán del chuchero.)

☞ Si la lea se emociona haz la intentona. (Si la mujer se emociona trata de poseerla sexualmente. El refrán del chuchero. «Lea» es joven.)

☞ «Socarios» de lea barata son de hojalata. (Los ojos de una mujer que es del arroyo dejan ver el sufrimiento.)

☞ Si te dan con el fambá eres «aut» de verdad. (Una mujer con un buen trasero vuelve loco al hombre. El refrán de las clases populares, y del chuchero usa un termino del juego de pelota: «out» que el cubano pronuncia «aut». «Ser aut» es un cubanismo que indica siempre «quedar derrotado» «quedar preso por algo». «Famba» es trasero. Es palabra de los esclavos africanos llevados de Cuba.)

☞ Leita que come alpiste es fumeca aunque de fista se viste. (Mujer que vive de cobrar a los hombres sus favores es mala persona aunque trate de demostrar que es una mujer de alta distinción en sus gestos. Esto es ser «fista», lo que en castizo se dice «darse patadas». «Como se da de patadas esa tonta. Mira como sube la nariz». «Fumeca» es persona mala.)

☞ Una lata y banda blanca dejan a la jevita manca. (Un bello automóvil hacen que la mujer joven acepte a un hombre. «Jevita» es mujer. «Jevita manca» es una metáfora para decir que la mujer queda completamente prendada del hombre.)

☞ El que confía en la lea camina pa piedra fina. (El que confía en mujer terminará en la cárcel condenado. «Lea» es muchacha y «piedra fina» es el símbolo del número veinticinco de un juego de azar: la charada cubana.)

☞ Lea que quiera con kile no se encuentra ni en patines. (Es muy difícil encontrar una mujer que quiera mucho. «Querer con kile» es «mucho». «Kile» es palabra de los esclavos africanos llevados a Cuba y quiere decir mucho. «En patines» es una metáfora que indica: ni buscando por todos lados.)

Coco

☞ La envidia tumba cocos.

☞ Aunque el coco está arribita siempre lo coge el ratón.

☞ Para beber agua de coco hay que subir al árbol.

☞ Por duro que sea el coco con paciencia se abre.

☞ No porque el coco este arriba da agua.

☞ El coco es como el hombre, envejece y pierde el agua.

☞ Al pie del coco se bebe el agua. (Muy popular.)

☞ Si el coco no madura el agua no sabe.

☞ Para tumbar coco hay que subir al árbol.

☞ Por duro que sea el coco da agua.

☞ No porque el coco sea grande da agua.

☞ El coco cuando envejece pierde el agua.

☞ Para partir un coco hay que tener riñones.

☞ La masa del coco es blanca pero indigesta.

☞ Aunque el coco tenga agua no sirve para bañarse.

Comida

☞ Comida de restaurante ni el pan.

☞ Comida de fonda es olla buena y honda.

☞ Un plato de quimbombó no babosea al arroz.

☞ Quimbombó con yuca seca te toca la tecla. (Te gustará.)

☞ Harina con tasajo no es comida al destajo. (Es comida regular. No para matar el hambre.)

☞ Cuando se olvida el sofrito la comida es un garito.

☞ Si el adobo está mal hecho se acaba con la comida.

Comparsa

☞ El trajerío de las comparsas oculta tristeza.

☞ En el carnaval la gente canta y llora.

☞ Después de tanto agitarse la comparsa muere.

☞ Si el farolero no guía, la comparsa no se mueve.

☞ El cuero da música pero saca sangre. (El tambor hace sangrar las manos.)

☞ Para estirar el cuero del tambor hay que darle candela.

☞ El baile de mascarita trae dinamita.

☞ El baile de carnaval puede traer jirigay.

☞ El baile de carnaval trae diversión o su miel.

☞ En tiempos de carnaval no ahorres ni un real. (Cuando puedas diviértate.)

☞ En el carnaval de la vida la reina ríe y el payaso llora. (La vida está llena de desigualdades.)

☞ Aunque la vida no es carnaval todo el mundo usa careta.

☞ La vida e un manigual y tiene su carnaval.

☞ Para tirar serpentina hay que saber de carnaval.

☞ La serpentina, como el carnaval, pasa.

Comunismo

☞ En tierra del comunismo, trabajar y no comer todo es lo mismo. (Exilio.)

☞ Tanto en Cuba como en Praga mucha pega y poca paga. («Pega» es un cubanismo que significa trabajo. Exilio.)

☞ Cualquiera, a punta de bayoneta, trabaja mucho para cumplir la meta. (Critica el método de trabajo esclavo comunista. Exilio.)

☞ En trabajo en Cuba Roja, Fidel aprieta y no afloja. (Exilio.)

☞ Sarna con gusto no pica y si pica no hay medicinas en la botica. (Critica la falta de todo en el sistema comunista.) (Dice el refrán cubano: «Sarna con gusto no pica y si pica no mortifica». Exilio.)

☞ Ladrón que roba a ladrón los dos comunistas son. («Ladrón que roba a ladrón tiene cien años de perdón». Castizo.) (Exilio.)

☞ El que mucho abarca tiene que ser comunista o de la comarca. («El que mucho abarca poco aprieta» es el Castizo. Exilio.)

☞ Donde llega Castro hasta los demonios escapan. (Viene de un chiste popular en Cuba que cuenta que Fidel Castro muere y con muchas maletas –los CdRom de sus discursos completos y algunos dólares de sus cuentas en Suiza– llega al Cielo. San Pedro al verlo le dice que él tiene que irse al infierno. Llega al infierno y se da cuenta de que había dejado las maletas en el Cielo. Entonces Lucifer manda a dos diablitos a buscarle las maletas. Llegan éstos al Cielo y encuentran que San Pedro está durmiendo la siesta. Para no despertarlo deciden entrar y recoger las maletas. Unos angelitos que pasaban los ven y comentan: Se nota que Castro llegó al infierno pues ya comienzan a exiliarse los demonios.

☞ Por Castro hasta Adán y Eva se hicieron cubanos. (Otro chiste que dice: Sí, Adán y Eva eran cubanos, pues no tenían zapatos, andaban desnudos, no podían comer ni una manzana, sus hijos se mataban y les aseguraban que vivían en el paraíso.

☞ Con las «c» Pepito se fue. (Viene también de un chiste que corre dentro de Cuba: cuando Fidel se enteró que Pepito se quería ir de Cuba lo llamó y le dijo: te dejo salir si eres capaz de hacer una frase en un minuto, con un mínimo de 15 palabras y que todas empiecen con la letra c. Después de pensar Pepito dijo: «*Comandante Castro ¿cuándo carajo comeremos comida criolla: congrí, carne, cerdo, como comen los cabrones del Comité Central?*»

Dominó

☞ En el dominó de la vida agáchate siempre. (Viene del dominó.)
☞ Aunque tengas doble nueve no te amilanes. (Viene del dominó.)
☞ El que sabe jugar dominó hasta con el doble nueve gana.
☞ En el dominó de la vida siempre alguien se vira.

El gallego y el negrito son de Cuba el mismo grito.

Menéndez

El gallego amolador del barrio sabe un horror.

Gallego

☞ El gallego y el negrito son de Cuba el mismo gritó.

☞ El gallego carbonero a veces es fogonero. (Se vuelve el español —gallego en Cuba— un fogonero —lleno de ardores— cuando ve a una cubana bella.)

☞ El gallego amolador, del barrio sabe un horror.

☞ El gallego motorista enfila pa Buenavista. (Siempre busca lo mejor. Buenavista es un barrio cubano.)

☞ Aunque el Gallego huela a bacalao es buen «pescao». (Pescado.)

☞ Gallego en aspargata (alpargata) la huácara en la casa. (Huácara: dinero.)

☞ Gallego en alpargatas termina en piel de charol. (El gallego, por su trabajo, logra levantarse económicamente.)

☞ Kilo a kilo, sin cesar, el gallego hace un pajar.

☞ El botón aunque pequeño hace al gallego panzón. (Muchos españoles y polacos –le decían en Cuba a los judíos– se hacían ricos vendiendo botones y otras mercancías.)

☞ Gallego con barrigón tiene un platón.

EL CARBONERO

El gallego carbonero a veces es fogonero.

Gallo

☞ Gallo medroso termina en el foso. (Refrán de los galleros.)

☞ El gallo que se desboca no toca. (Hay que ser muy ecuánime para afrontar una situación. Hay gallos que se vuelven locos y fajan sin medida y no matan al contrincante. Es refrán de los galleros o sea de los que lidian con gallos de pelea.)

☞ Gallo que es pendenciero es manigüero. (El gallo que pelea sin disciplina no sirve para nada. Es refrán de galleros.)

☞ El gallo aunque corre, vira. (No te confíes. Es refrán de gallero. Hay gallos que antes de pelear corren alrededor de la arena por un rato y de pronto se viran y atacan.)

☞ Si el gallo salta ligero nadie lo tumba al vuelo.

☞ Para ser un gallo fino hay que tener espuelas.

☞ Para jugarle a un gallo hay que conocerlo bien.

☞ Gallo que necesita ron no tira ni un espolón.

☞ Gallo que necesita pólvora, explota.

Guagua

☞ El guaguero y el chulo dan tremendos cortes.

☞ Para coger transferencia hay que montar guagua primero. (Transferencia es un boleto para cambiar de autobús y seguir hacia donde se va. Guagua es autobús.)

☞ Guaguero de terminal dos veces criminal. (Huye del que tiene un oficio que no es bueno y además juega. Este refrán muestra un gran prejuicio contra el chofer de la guagua; autobús en Cuba. El chofer casi siempre era gente humilde y adoptaba ademanes del chuchero, un tipo de germanía que floreció en Cuba en el año cuarenta y surgió un prejuicio infundado contra este cubano, el guaguero, humilde y trabajador. Los terminales eran un juego de azar cubano. Se compraba un boleto. Era un juego permitido.)

☞ El que anda con guaguero no lleva sombrero. (El que anda con un guaguero no es gente decente. Ver «Guaguero de terminal dos veces criminal».)

☞ La mujer que ama a un guaguero tiene un poste de la muerte en el camino. (La mujer que se enamora de un guaguero será una desgraciada. El poste de la muerte era un poste del tendido eléctrico colocado peligrosamente y con el que chocaban los que iban colgados de la guagua muchas veces.)

☞ El que coge transferencia a la larga se revienta. (Coger transferencia. Confiar en otro. Cubanismo.)

☞ Guaguero y primer actor son un mismo cantador. (En Cuba no gustaba la gente de teatro.)

☞ Guaguero y chuchero, bejuco pendenciero.

☞ Guaguero y ají guaguao, misma candela en un palo.

Guaguancó

☞ Ritmo de guaguancó es de solar y brisero. (Equivale a: «El que canta su mal espanta».)

☞ Ritmo de guaguancó es de solar pendenciero. (Hay música llena de vida.)

☞ Guaguancó nato no anda sato. (Lo bueno no abunda.)

☞ Para ser guaguancosero hay que tocar y llorar. (Donde no hay sentimiento nada suena bien.)

☞ Donde suena el guaguancó se mueve la vida. (La vida tiene sus momentos de alegría.)

☞ Hasta para el guaguancosero la mujer no es un sendero. (Hasta dentro del pueblo humilde hay machismo y prejuicios.)

☞ Para ser guaguancosero hay que saber de la vida.

☞ Cuando suena el guaguancó olvídate del reló (el cubano al hablar no pronunica la j de reloj). (Goza el instante.)

☞ La vida es música hasta en las tablas. (Las tablas en el guaguancó dan música.)

Guapo

☞ Cuchilla de guapetón alarde y tal vez un ron. (Alarde o borrachera.)

☞ Ñaniguisimo, chulería y cadena grande recogen puñalada. (La guapería no conduce a nada.)

☞ El que aguanta ofensa y lleva puñal no mata. («Perro ladrador poco mordedor».)

☞ El que lleva el puñal al descubierto no mueve brazo. (Es un alardoso.)

☞ Cuando un guapo cae rompe costura. (El guapo no lo es en realidad. El refrán lo compara con el saco de azúcar que cuando se cae y se abre se desparrama todo.)

☞ El que nace (o se hace) el guapetón termina siempre en canción.

☞ Un cuchillo en la cintura es señal de desventura.

☞ La camiseta Perro no hace al dueño. («El hábito no hace al monje». Los guapos en Cuba usaban camiseta especial. «Perro» era la marca de la camiseta. La botonadura que el guapo llevaba era con botones de oro.)

☞ El guapo que se cae es como el saco: rompe costura.

☞ Él que echa mano a la faca muere si no saca.

☞ La navaja no sirve si la mano no la lleva.

☞ El guapetón que hace alarde siempre arde. (El guapo termina mal.)

☞ El guapo que hace alarde tiene que probarlo siempre.

☞ Hombre de seño fruncido vizcaíno en la mirada. (El vizcaíno es un revólver.)

☞ El guapetón teme a la muerte.

☞ El guapo que es jorocón termina en el fogón. («Jorocón» es un cubanismo para abusador.)

☞ El que tira guaperías termina en la tumba fría.

☞ Al que se da de soplete quítale el fuete. («Soplete» es guapo.)

Harina, Boniato, Quimbombó

☞ Cuando veas comprar harina la familia está mohína.

☞ Harina con leche mitiga el hambre.

☞ La harina con agua pega como majagua. (¡Qué mal sabe!)

☞ Harina dulce con pasas, nada escasea en la casa.

☞ Harina caliente el hambre le mete el diente.

☞ Harina con aguacate del hambre no es sustituto.

☞ Si todos comen harina el hambre está que trina.

☞ Harina y agua con azúcar llena pero no mata el hambre.

☞ Harina con tasajo no es comida al destajo. (Es comida regular. No para matar el hambre.)

☞ Boniato con tasajo es harina con desparpajo. (Es una comida para matar el hambre.)

☞ Sólo boniato con agua, no es cosa como majagua. (No es comida nutritiva. Majagua: fuerte.)

☞ Harina, bonitato y agua, del hambre son buen paraguas.

☞ El quimbombó resbala con yuca seca y tasajo. (Hay veces que se necesita una ayuda para lograr el resultado que se apetece. El quimbombó se traga mejor con tasajo.)

☞ El quimbombó con yuca frita, bendita cita. (El quimbombó con la yuca frita en una gran combinación.)

☞ Harina con mamoncillo; de muerte falta un hilillo.

☞ Si tragas el mamoncillo, no te atragantas, mueres.

☞ No hay brujería que mate ni harina que no se aburra.

☞ Harina con cebollitas no cambia el hambre.

☞ Si vas a comprar harina la familia está que trina.

☞ Harina con leche mitiga el hambre.

Hombre

☞ Hombre con cara dura hace diabluras.

☞ Hombre gritón matrimonio sofocón.

☞ El hombre es como el zapato limpiado con gamuza; abajo está el negro. (Los zapatos de gamuza blanca se limpian con un saquito de polvo blanco.)

☞ Hombre cazuelero marido pendenciero. (El cazuelero es el hombre que se mete en todo lo de la casa.)

☞ Si se da de bonitón el hombre no es un bombón. (Bueno. «Ser un bombón». Cubanismo.)

☞ Si el hombre se envaselina no le da a la fajina.

☞ Hombre cazuelero mantente lejos.

☞ Hombre con cara dura hace diabluras.

☞ Al que se jarta de bonitillo dale cepillo.

☞ Si el hombre se peina mucho no tiene chucho. (No es muy viril.)

☞ El hombre como el charol, se cuartea.

☞ Hombre que habla y no da, soledad.

☞ Hombre que mucho promete, recoge y vete.

☞ Hombre con mucha dulzura; sabrosura.

☞ Hombre que habla bonito: sabrosito.

☞ Hombre que mucho mima a lo mejor toma.

☞ Hombre que se hace el achón es tremendo mojón. (Vulgar.) («Achón»: guapo.)

☞ Hombre que se cree bonito, enanito.

☞ Hombre que baila danzón: señorón.

☞ Hombre que se da pisto está listo.(Hombre que se da lija.)

☞ Hombre que se hace Sansón no toca el son. (Proverbio culto.)

☞ Hombre que se cree machote, monigote.

☞ Hombre que se cree machote no pasa de papalote.

☞ Hombre que se cree divino no tiene tino. («Creerse divino» es un cubanismo: «creerse la gran cosa».)

Juego

☞ El apuntador termina tragándose la lista de apuntaciones. (Cuando veía al policía el apuntador se tragaba la lista de las apuestas llamada listas de apuntaciones. El apuntador es el que recoge las apuestas. La palabra es un cubanismo. «Lista de apuntaciones»: Cubanismo, «lista con las apuestas».)

☞ El que juega a la charada le dan mala pasada.

☞ El que le juega a la luna pierde la fortuna. (La luna es un número en un juego de ázar en Cuba.)

☞ El que apuesta a la bolita con la pobreza tiene cita. («La bolita» es un juego de azar.)

☞ El de oficio bolitero no pasa de tendero. (El que recoge apuestas nunca prospera. «El bolitero» es el que recoge apuestas para el juego de azar llamado «bolita».)

☞ Bolitero y jugador seguro perdedor.

☞ El que gusta trenza e china se va abolina. (El que juega se desgracia. «La china» es un tipo de juego de azar. «Abolina» es perder, cubanismo.)

☞ Si te tiran con el ocho te suben a muerto grande. (El que hace un sexto hace un ciento. El ocho es muerto en la charada y el sesenta y cuatro es muerto grande. Este refrán viene del juego de azar llamado charada.)

☞ El que se pierde en el monte pierde los pantalones. (Monte es un tipo de juego de azar.)

☞ El que vive de charada es carne pasada. (Charada, juego de azar.)

☞ El que le apuesta al seis no agarra el presidente. (El presidente es el número 10 en el juego de azar llamado charada. El seis es «Jicotea». Significa que el que no es activo no triunfa.)

☞ El que busca veinticinco no termina en noventa y siete. (El veinticinco en el juego de azar de la charada es «piedra fina» y «el noventa y siete» es cementerio.)

El que juega a los billetes, al bolsillo le mete fuete.

☞ El que juega a la charada va de picada.

☞ El que juega el elefante éste lo aplasta.

☞ El que pone nickel «a la china» se ahorca con sus trenzas. (La china era un juego de azar cubano muy popular. «Poner» un nickel es apostar cinco centavos a un número.)

☞ El que juega a la luna muere en el noventa y siete. (Equivale al castizo: «El que vive de ilusiones muere de desengaños».)

☞ Para jugar con la China hay que saber cortar trenza. (La china era un juego de azar en Cuba. El refrán tiene varios significados. «Hay que ser un astuto en el trato con las mujeres». Hay que saber jugar para no terminar arruinado.)

☞ China con Castillo es cementerio. (El juego conduce a la ruina. Castillo es una famosa lotería clandestina en Cuba.)

☞ El que piensa en el versito se queda sin un kilito. (El juego arruina. Había una lotería clandestina en Cuba la cual a cada número correspondía un verso. Kilito es centavo.)

☞ El que versito adivina el sesenta y siete empina. (Aunque se gane en el juego se está haciendo uno daño. En una lotería clandestina cubana «el sesenta y siete era puñalada».)

Si el «ampaya» se equivoca puede botar la pelota

Juego de Pelota

☞ Pelota que no has de coger déjala correr. (Castizo: Agua que no has de beber déjala correr.)

☞ Hijo de bate caza pelota. (Hijo de gato caza ratón.)

☞ Cuando veas el bate de tu rival arder pon «el pícher» en remojo. («Cuando veas las barbas de tu vecino arder pon las tuyas en remojo».)

☞ Más vale pelota en mano que árbitro cantando. (Más vale pájaro en mano que ciento volando.)

☞ Muerto «el ampaya» se acabo el «estraik». («Muerto el perro se acabó la rabia» «Ampaya» es «umpire» o árbitro y «estraik» es como el cubano pronuncia la voz inglesa «Strike», un tipo de lanzamiento de la pelota, —baseball—.)

☞ Cuando el mal es de batear no valen bases por bolas. (Esta es la parodia de un refrán muy cubano: «Cuando el mal es de cagar no valen guayabas verdes». Las guayabas verdes son astringentes y curan la diarrea.)

☞ Dime con quién juegas y te diré si pierdes. (Castizo: Díme con quién andas y te diré quien eres.)

☞ Ojo por ojo y base por bolas. («Base por bolas» es una jugada de la pelota —baseball—.)

☞ Cuando el bate suena es porque algo lleva. (Viene del refrán: «Cuando el río suena algo lleva».)

☞ Para ser centerfil hay que tener buenas piernas. (El centerfiel en el juego de pelota tiene que correr mucho y cubrir mucho terreno.)

☞ No es sólo saber tirar; es poner la pelota donde se tira.

☞ Si la bola pica casi siempre se extiende.

☞ Si el batazo no puedes «fildear» (coger) déjalo picar.

☞ Hay buenos en el fildeo (coger la bola) y malos en el bateo. (Impulsar la bola.)

☞ Si el «flai» es fácil no lo fildees difícil. («Flai»: pelota sin fuerza en el aire impulsada por el bate en el juego de la pelota.) (Fildear: coger.)

☞ El que fildea pero no batea es una tea apagada.

☞ Aunque tenga guante grande a lo mejor no fildea.

☞ El que tiene el brazo mocho es un sancocho. («Tener el brazo» mocho es tirar la bola sin utilizar todo el brazo.)

☞ Al que tira muchas rectas lo sacan a palos.

☞ Si no la coge no es el guante sino el pelotero.

☞ Aunque se caiga del guante hay que agarrar la pelota.

☞ A veces hay que pasar al bateador con tres en base antes de que te batee el «jonrón». (Jonrón: Cubanismo proveniente del inglés «home run». El mayor batazo en el juego de pelota.)

☞ El que se tira en la base que eche los espaiks palante. (Hay que ser asado y estar dispuesto hasta herir. «Espikes» son los hierritos que llevan los zapatos del pelotero. La palabra inglesa es «Spikes».)

☞ La pelota es redonda y viene en caja cuadrada.

☞ Cuidado con el que se poncha pero le tira duro a la pelota.

☞ El que no «echa una llanta» no coge «flai». (Echar una llanta: Correr fuertemente. Cubanismo: «Coger flai»: coger una pelota que está en el aire. Es un batazo fácil de coger.)

☞ Cuando el pícher se vira en vez de correr vuelve a la base. (Pícher; derivado de «Pitcher», voz inglesa, lanzador.)

☞ Cuando el bateador tiene vista no hay lanzador que lo abanique. («Abanicar» es no darle a la pelota. Es Cubanismo.)

☞ Prisa abanica la brisa. (No darle a la pelota. El bateador abanicó la brisa cinco veces.)

☞ Cuídate del que no tiene brazo: a lo mejor batea. (No tener brazo es no tirar con fuerza la pelota. Es Cubanismo. «Batear» es darle duro a la pelota.)

☞ El Elefante es sólo masa con colmillos. (Al club Cienfuegos le llamaban «los elefantes».)

☞ Guante que no se engrasa no coge bola.

☞ Guante sin grasa no coge bola.

☞ El que está en tres y dos puede tocar planchita. («Planchita»: sorprender tocando la bola con el bate para por ejemplo, llegar a la primera base.)

☞ El que va al bate con tres y dos puede tocar planchita aunque sea «sloger». (Tres y dos: tres bolas y dos strikes. En pelota, Base ball, el bateador lo mismo puede batear que coger la base en el próximo lanzamiento.)

☞ El libro es bueno pero aprende a darle a la «nokolbol». (El «nuckleball» es un lanzamiento difícil de batear porque la bola flota, como si fuera de trapo, en el aire.) (El cubano pronuncia «nokolbol» la voz inglesa.)

☞ El que da mucho «fao» batea jonrón. (En el faul no se centra la bola en el cuadro como se requiere o no se le da a toda ella sino de refilón. El Cubano pronuncia «fao».)

☞ El que se «tira» siempre en «jon» a lo largo se cuela. (Tirarse en «jon» se dice del que se desliza para tocar la almohadilla que está en el «home».)

☞ Bate de fongeo no sirve para batear. (Bate de fongeo: De práctica: Cubanismo.)

☞ El que sabe, batea solo. («Batear» es darle a la pelota.) (El que sabe, triunfa.)

☞ El que sabe ser «pícher» no necesita que por él tiren pelotas. («Pícher» es «Pitcher», lanzador en inglés.)

☞ El que batea atrasado si no se poncha da fao. (El que batea atrasado: es el que le tira a la pelota sin ritmo.)

☞ El que tira «Nokel bol» siempre se embasa. (El que va despacio llega lejos. En el juego de la pelota el «nokel bol» del inglés: «Nuckleball» es un lanzamiento lento.)

☞ Por duro que seas si te ponchan ponchado estás. («Ponchar» viene de la pelota. Aquí equivale a «fracasar».)

☞ Nunca abaniques la brisa aunque sea con majagua. (No fracases nunca. «Abanicar la brisa» es no darle a la pelota, a tres lanzamientos. «Fracasar» en el lenguaje popular. «La majagua» es un bate hecho con madera fuerte: La majagua.)

☞ El que le tira a la bola la saca de jonrón. (El que persevera triunfa. «Jonrón» en inglés es home run: el batazo más importante del juego de pelota Baseball.)

☞ El que no tiene nada en la bola que no pichee. («Pichar» es un cubanismo, significa lanzar. Este refrán viene de pelota. «No tener en bola» es no ser bueno en algo. No ser bueno en nada.)

☞ Cuando veas el «flai» echa a correr de lo contrario se cae. (Viene de la pelota Baseball. Un «fly» que el cubano pronuncia «flai» es cuando el bateador eleva un poco la pelota.)

☞ Para coger un «flai» no se hacen maromas.

☞ El que la rechina en la cerca llega a batear el jonrón. (Es otro refrán que viene del juego de pelota. «Rechinar en la cerca» es cuando la bola da en la cerca del stadium de pelota. Es un batazo fuertísimo.)

☞ El que batea sólo un jonrón no es de temer. (El jonrón es el batazo más importante del juego de pelota.)

☞ Tirarle a la pelota mala, sala. (Que trae mala suerte.)

☞ Si tienen en tres y dos aunque sea planchita. («Tres y dos» es una situación difícil para el bateador. «Tocar planchita» es tratar de sorprender al equipo contrario impulsando un poquitín la bola con el bate. No se le tira. Se choca ligeramente con ella.)

☞ «Pícher» que mucho se vira sorprende. (El que perservera triunfa.)

☞ El que toca planchita también batea. (Todo hombre es un mundo. Viene del campo de la pelota. «Tocar planchita» es darle muy suave a la pelota para sorprender. No se le batea.)

☞ Del que se pinta de palomón puedes esperar un ciclón. («El palomón al cuadro» es una bola de fácil cogida, elevada por el bateador en el juego de pelota.)

☞ Al que tiene buena vista no le tires bola mala. (Con el que sabe no se juega. Este es otro refrán de las clases populares que viene del juego de pelota. A «la bola mala» es aquella que es difícil batear y a la que le tiran muchos peloteros. El que sabe lo que hace no le tira porque no comete errores.)

☞ El que sabe de «jonrón» no cree en camisón. (El que es muy inteligente no se deja engatusar por las mujeres. «Jonrón» es la forma que el cubano une las palabras inglesas y las pronuncia.

«Home»: diamante donde se para el bateador y «run» carrera. Es el batazo más importante del juego de pelota y es muy difícil de lograr.)

☞ Si tiene buena vista no vale la punta «el jón». («La punta del jon» –el cubano aspira la «d»– es un lanzamiento difícil de darle en el juego de pelota.)

☞ El que empieza a pasar hombres hay que mandarlo a la ducha. (El que empieza a fallar hay que retirarlo. «Pasar hombres» en el juego de pelota es lanzarle cuatro lanzamientos malos: bolas. «Mandarlo a la ducha» es sacarlo del juego.)

☞ El que no tiene brazo que no juegue pelota.

☞ Pícher que repite punta e jon le dan jonrón. (Pitcher es la palabra inglesa para lanzador en el juego de pelota. El cubano pronuncia como he escrito. «Jonrón» es como el cubano pronuncia «home run» en el juego de pelota. «Jon» es el home, donde batean y está el «receptor».)

☞ Entre bola y bola se juega la pelota. (La vida hay que llevarla poco a poco.)

☞ Aunque te den un «jonrón», siempre cae. («No hay mal que dure cien años». Forma en que el cubano pronuncia «home run», en el juego de pelota el batazo mayor y cae, casi siempre, fuera de la cerca del campo de pelota, y por el aire. Es otro refrán, éste, de las clases más populares.)

☞ Con pelotas que no corren se embasa el pelotero. (Con algo insignificante se puede llegar muy lejos. Algunas veces el batazo es muy débil y la pelota no corre. Sin embargo, el bateador logra llegar a primera base antes que el pelotero que está en ella coja la pelota que le tiran, a la primera base.)

☞ Con tres y dos hay que arriesgarse. (Cuando estás en una situación difícil tienes que tomar una decisión. Es un refrán que viene del juego de pelota: el que tiene un conteo de tres bolas y dos «estraiks». Viene del inglés: strike.)

☞ Combinando lanzamientos se «poncha» el bateador. (Usando varias argucias se logra ganar siempre.)

☞ El que deja caer un «flai» no tiene «espaik». (El que falla en lo pequeño no tiene garra. «El flai» que es una bola al aire y que es la forma que el cubano prouncia «fly», es muy fácil de coger. «El spike» que el cubano pronuncia «espaik» son unos clavos que se usan en los zapatos de los peloteros y jugadores de pelota, para que ésto se agarren al suelo. Son muy filosos y cortan. De aquí este refrán de las clases más populares que viene del juego de pelota.)

☞ Si dos «faos se desvían» el tercero coge la vía. (El que persevera triunfa. El «fao» forma que el cubano pronuncia el inglés «foul» no reune las condiciones legales ya porque no echa la pelota hacia delante cuando le da el bateador o porque bateada la pelota cae fuera del perímetro de donde se juega. Es refrán de las clases populares que viene del juego de pelota.)

☞ Con un palomón al cuadro no se llega a primera. («Palomón al cuadro»: elevar la bola dentro del cuadro de las bases, siendo fácil de agarrar.)

☞ Aunque abaniques la brisa tírale con prisa. (En el juego de pelota, «abanicar la brisa», es no darle a la pelota.)

☞ El que quiere estar siempre al bate tiene que darle a la pelota.

☞ El que a buen árbitro se arrima buena decisión lo cobija. (Castizo: «El que a buen árbol se arrima buena sombra le cobija».)

☞ A base regalada no se le mira el «pícher». («A caballo regalado no se le mira el diente». Viene del juego de la pelota. Hay veces que el «pícher» o sea «el lanzador» en el juego de pelota tira cuatro lanzamientos llamados «bolas» y el que batea, el bateador, tiene derecho a ir a la primera base. A esta jugada le llaman «dar la Base» o «regalar la base» en el juego de pelota: base ball.)

☞ El que le tir

a al «estraik» bangán. (El que falla, perece.)

☞ Cuando el pícher se vira es mejor quedarse en base.

☞ Si lo ves partiendo el «jon» hazte el remolón. (Cuando el lanzador en el juego de pelota —base ball— parte el jon, lanza muy bien.)

☞ Aprende a deslizarte en «jon» y no te partes la pierna. (Viene del juego de pelota.) («Jon» es «home»: donde se para el bateador.)

☞ El que está en tres y dos no le lances una recta pues batea. (Viene del juego de pelota.)

☞ «Torpedero» sin buen brazo tiene que jugar alante.' (Viene del juego de pelota (base-ball.) El short stop, el «torpedero» que no tiene buen brazo para sacar en primera al corredor tiene que ponerse fuera de su posición detrás del lanzador.)

☞ Para limpiar las bases hay que batear «jonrón». («El jonrón es el batazo más grande en el juego de pelota». En ingles «home run».)

☞ Si el «ampaya» se equivoca puede botar la pelota. (Una equivocación puede ser gravísima. «Ampaya» viene de «umpire».)

Jutía

☞ Si la jutía baja del árbol se la comen los perros.

☞ No hay quien pase la jutía si no le das mojo. (La jutía sabe muy mal.)

☞ El mojo para la jutía tiene que ser fuerte.

☞ La jutía se parece al ratón pero es jutía.

☞ Para ser cimarrón hay que saber más que la jutía.

☞ El que ve una jutía no la come.

☞ Si la jutía deja el tronco se la come el majá.

Laborales

☞ Anticipo sobre el sueldo lo pide el loco y el cuerdo. (Exilio.)

☞ En ocho horas de trabajo unos trabajan mucho y otros nada. (Exilio.)

☞ El que cobra paga extraordinaria mejora su indumentaria. (Exilio.)

☞ Para mantener el carro y pagar el alquiler más de un sueldo has de tener. (Exilio.)

☞ Crédito laboral a nadie le sienta mal. (Exilio.)

☞ Para pedir aumento es bueno cualquier momento. (Exilio.)

☞ En factoría y en taller no has de pellizcar mujer. (Exilio.)

☞ Aumento de cinco noventa no vale tener en cuenta. (Poca ayuda nada resuelve, cuando se necesita una grande para resolver una situación difícil.) (Exilio.)

Marañero

☞ El marañero se enreda en su propio hilo.

☞ El que hace maraña se engaña.

☞ Aunque el hilo sea muy bueno la maraña falla.

☞ A un tipo marañero no saludar ni de lejos.

☞ Contra el que te haces maraña, hay que tener mucha maña.

☞ El marañero siempre tira bolas de humo. (En pelota, «la bola de humo» es una bola rápida, muy difícil de darle con el bate.)

☞ El marañero trabaja con mucho cordel.

☞ La maraña no se hace con soga sino con hilo fino.

☞ Cuando la maraña es fina nunca huele a creolina. (Es solapada.)

☞ El marañero sonríe pero teje el hilo.

☞ El marañero te abraza pero con hilo doble.

☞ El marañero te hace el féretro de hilo fino.

☞ El apellido del marañero es el tesón.

El que mucho martillea se coge el dedo.

Matrimonio

☞ En el matrimonio lo importante no es la teta sino la meta.

☞ Matrimonio no es billar para jugar carambola.

☞ En billar y matrimonio no te lleves el trapo.

☞ En billar y matrimonio no te vayas de picao. (Picado.)

☞ Marido que trompetea da batea.

☞ Matrimonio sin guarapo se convierte en sapo.

☞ Matrimonio prematuro ponche seguro. («Poncharse»: En el juego de pelota fallar de darle a tres lanzamientos.)

☞ Matrimonio en la vejez: acidez.

☞ Mujer con vejez: acidez.

☞ Cuando comienza en arrimo el matrimonio es un timo.

☞ Matrimonio por preñez, acidez.

☞ Matrimonio sin dulzura, diablura.

☞ Matrimonio con bostezo no lo salva ni el rezo.

☞ Matrimonio que no se lleva es un papalote sin frenillo.

☞ Cuando el matrimonio aburre también aturde.

☞ Matrimonio encangrejado ni el mantecado.

☞ Cuando la mujer engorda el matrimonio no borda.

☞ Matrimonio de mucho dormir tiene pronto fin.

☞ Matrimonio de cohete explota.

☞ Cuando el marido se corre no hay matrimonio que borde.

☞ Matrimonio sin harina se termina.

☞ Cuando el hombre se cree oso el matrimonio es un pozo. («Creerse oso»: Creerse que vale mucho. Cubanismo.)

☞ Si el marido se acoquina la mujer no le da harina.

☞ Cuando el matrimonio temblequea no vale ninguna tea.

☞ Matrimonio sin amor es sofocón de verano.

☞ Ir al matrimonio libre no siempre de seguro sirve. (Se necesita algo más de ser virgen para lograr un buen matrimonio.)

☞ El que se casa sin amor coge pintadilla.

Si la paciente es un jonrón del médico es sofocón.

Medicinas - Médico

☞ Médicos y medicinas te cuelgan de la esquina.

☞ Es mejor el boticario del barrio que un médico. (El que brega con la vida —como el boticario con las medicinas sabe más de ella.)

☞ Es mejor el boticario que el médico del vecindario.

☞ De médicos y medicina nananina. (Huye del médico y de las medicinas. Nananina, es un cubanismo que quiere decir «nada».)

Mojito

☞ Dos mojitos sin parar te ponen a navegar sin brújula. («El mojito» es una bebida muy popular en Cuba a base de hierbabuena y ron.)

☞ Para dar el punto al mojito hay que ser cantinero.

☞ Mucho calor y mojito hacen tilingo. (Ligan y dan euforia.)

☞ Mujer fina no toma mojito.

☞ Mojito sin yerbabuena (hierbabuena) no hace faena.

☞ Si te pasas en el mojito serás diablito.

☞ Mujer que toma mojito es pescado frito. (Es fácil.)

☞ Dos mojitos sin parar te hunden en la mar. (Idéntico a «Dos mojitos te ponen a navegar sin brújula.»)

☞ «Mojito» sin yerbabuena (hierbabuena) no hace verbena.

☞ El palique sin mojito no sabe rico.

Menéndez

La mujer que no te escucha, no te dará chaucha.

Mujer

☞ Mujer que no te quita el ojo te deja cojo.

☞ Mujer con pantalón puede asomarse al balcón. (Es decente. No enseña, provocativamente, su cuerpo.)

☞ Mujer que se da lija es como bija. (La bija es un colorante que se cae: falso.)

☞ Mujer que nunca protesta es una siesta.

☞ Mujer que no te regaña no te araña.

☞ Mujer que no es pedidora; ésta si que es sabrosona.

☞ Mujer que gasta en vestidos no hace nidos.

☞ Mujer que no es pura no tiene cura.

☞ Mujer con mucho colorete le gusta el meneo. («Gustarle el meneo». Cubanismo: Gustarle la fiesta, gustarle ir con hombres. Es mujer fácil.)

☞ Mujer con mucho majarete le gusta el fuete. (El majarete es un dulce. Por lo tanto, una mujer que toca al hombre le gusta tener relaciones carnales; divertirse. . .)

☞ Mujer cubana es tomeguín de sabana.

☞ Manos de hospital de sangre y mariposa hacen mujer cubana.

☞ Mujer cubana es encanto de la mañana.

☞ Pájaro que come vuela. (Este refrán indica que si la mujer le adelanta favores al hombre éste jamás se casa.)

☞ El único verso bien hecho es la mujer.

☞ Mujer que sabe guiarte con ella parte.

☞ Mujer fogosa, gózala.

☞ Mujer pegajosa; sosa.

☞ La mujer es como el zapato que hay miles de muestra.

☞ La mujer es como la guagua; si la de adelante está llena, la de atrás viene vacía.

☞ Mujer que camina bonito, cuidadito.

☞ La mujer que no es pura no tiene cura.

☞ Mujer que da calor no te quema.

☞ Mujer que no es gastadora nunca es perdedora.

☞ Mujer que no tiene culo ni saludo.

☞ Soltera que no se sonríe cuando se casa ríe.

☞ El que tiene mujer buena tiene alacena.

☞ El que tiene mujer buena siempre vive en nochebuena.

☞ Mujer buena con belleza: ¡Alteza!

☞ El que tiene mujer buena la vida le es de verbena.

☞ No hay como mujer buena aunque fea y pendenciera.

☞ Mujer con cuerpo y beldad eso sí que es realidad.

☞ Para buscar mujer no se mira fuera sino dentro.

☞ Mujer sin teta es mala receta.

☞ El que sólo busca cuerpo de mujer termina de atardecer.

☞ Mujer que sólo busca tolete no le des fuete.

☞ Culo grande en la mujer a la larga se cae.

☞ Si la mujer es viuda y tú también coge el contén. (No te unas a ella. Te atropella.)

☞ La mujer que es un bombón algunas veces es nitrón. («Ser bombón» bella. Cubanismo: «ser nitrón» mala. Cubanismo.)

☞ Marido que no mantiene jamás saca centenes.

☞ Marido que no respeta no sirve ni pa´ chancleta.

☞ De trasero de mujer nunca has de comer.

☞ El que mira culo de mujer es chofer de alquiler.

☞ Aunque parezca un gollejo mujer de buen corazón da buen consejo.

☞ Cara de mujer bonita; apela al agua bendita.

☞ Aunque la cara sea bonita algunas veces irrita.

☞ La cara con colorete da fuete.

☞ Si te gusta la mujer, ¡Qué palos has de coger!

☞ Yeguita de dulce paso en el matrimonio; lazo.

☞ Yeguita que se encabrita si es buena hay que darle pita. (Con una mujer buena aunque tenga sus aires de independencia hay que tener paciencia.)

☞ Mujer que cuesta un millón suéltala aunque baile el son. (Una mujer que cuesta mucho déjala ir por bella que sea. «Bailar el son» una mujer es ser muy bella.)

☞ Mujer que no pide yira (dinero) jamás se revira. (Es un refrán del chuchero.)

☞ Mujer que quiere con kile aunque sea floja del atrile. (Es un refrán del chuchero, personaje de germanía que floreció en Cuba en los cuarentas. «Con kile», lenguaje del chuchero, es mucho y «el atrile», lenguaje del chuchero es el trasero. «Ser floja de atrile es no tener mucho trasero».)

☞ La que no tiene flotantes, cerín de lo interesante. (Una mujer sin senos no atrae. Nada que no tenga algo peculiar atrae. Es refrán muy popular. «las flotantes» son los senos de la mujer. Es un cubanismo. Viene del chuchero.)

☞ Una mujer pispireta, si te casas, tarros con retreta. (Una mujer coqueta termina por engañar al marido. «Tarros con retreta» son un engaño seguido, continuo. Lo que los españoles llaman «Pegar los cuernos» engañar la mujer al marido. En Cuba es «pegar los tarros».)

☞ Mujer que da retreta ni con teta (Huye de la mujer que pelea por bella que ella sea.)

☞ Mujer que mueve batea es fulastre a lo que sea. (La batea es el trasero. «Ser fulastre» es ser mala persona, ser incumplidor.)

☞ Mujer que mueve fambá es tártara de calidad. (Este refrán, como el anterior, es de las clases más populares. «El fambá» es una palabra de los esclavos africanos referido al cuarto oscuro de la ceremonia de la secta ñaninga. En cubano es trasero. «Tártara» en cubano es mujer sin cualidades morales.)

☞ Mujer con mucha cintura de tonina no se cura. «No se puede evitar el destino». («Tonina» en cubano es gorda.)

☞ Quien de novia te discute más tarde te tumba al tute. («Tumbar al tute» es engañar en cubano.)

☞ ¿Pegada de su belleza? Empieza a pagar la alteza Equivalea. «El que quiere azul celeste, que le cueste».

☞ Pobretona y con pretensiones, pues pierdes los pantalones.

☞ Si la mujer se cree inteligente te dejará sin dientes.

☞ Potrica que es muy cerrera lo mejor es darle fuerza. «Mujer joven que no se adapta al hombre lo mejor que éste debe hacer es romper con ella».

☞ Mujer que se hace la bobita está buscando agüita. (Buscando algo.)

☞ Novia que escucha callada, buena madre de casada.

☞ Mujer que tiene bemoles, súbete los pantalones.

☞ Con mujer que ríe bonito hasta el infinito.

☞ Una mujer con batea. No te olvides de la tea. («Batea» buenas nalgas. Tea; fuego tiene.)

☞ Mujer que es pechugona casi siempre es gran leona. (Pechugona: de buenos senos. «Gran leona»: le gusta gozar con el hombre.)

☞ Con mujer peleona ni a la cañona.

☞ Patas de gallo en mujer, la carrera has de emprender.

☞ Mujer con mucho perfume te rompe el cuje. (Romper el cuje: es un cubanismo que significa «destrozar».)

☞ Mujer que mucho pelea aunque linda, fea.

☞ Mujer que se cree muy bella ni en verbena. (He oído: «mujer que cree estar muy buena (bella) ni en verbena».)

☞ A la mujer amena dale cena.

☞ Potranca de pata fina aunque te den anilina. (Mujer de piernas largas.)

☞ Hay mujeres con vitrina que son estricnina. (Malas.) («Con vitrina»: belleza.)

☞ Mujer tiposa échale azúcar si es sosa.

☞ Si la mujer hace batuqueo a morir en el meneo. (Te gusta: te hace batuqueo.)

☞ Mujer que es baciladora trae cola.

☞ Mujer con puya no le huyas. («Puya» es trasero.)

☞ Mujer con puya ¡Aleluya! («Puya» es trasero.)

☞ Mujer que te guiña el ojo te deja cojo.

☞ Mujer que hace bolillo no camina por el trillo. («Caminar por el trillo» es un cubanismo que indica que la mujer se le entrega al hombre.)

☞ Para conquistador de mujer hay que sonar badana.

☞ Para conquistar a la mujer hay que hacer zapaticos de bebé.

☞ Mano en muslo de mujer termina por florecer.

☞ Mujer chiquita, dinamita.

☞ Mujer chiquitita nada de «mita» (mitad.)

☞ Mujer chiquitita nada quita.

☞ Mujer chiquitita es bizcochuelo que invita. (El «mango bizcochuelo» es el más dulce de Cuba.)

☞ La mujer chiquita sabe crecerse. (Desde el Arcipreste de Hita en el siglo trece, la mujer chiquita es elogiada sexualmente.)

☞ Mujer grandona engorda mucho.

☞ El que se enamora de mujer grandona termina con un saco de papa.

☞ Mujer con las piernas largas no hay nada que no le valga.

☞ A los pies de la mujer pon la badana.

☞ La mujer calentadora no te lo da ni a deshora.

☞ La mujer que te calienta también te sienta. (No va a la cama contigo la mujer que te vuelve sexualmente loco con caricias.)

☞ La mujer calentadora lo hace por mangadora. (La mujer vuelve al hombre, loco con caricias, sexualmente hablando, para atraparlo.)

☞ La mujer es como el zapato, cambia por temporadas.

☞ La mujer es como el «glacé». Si se le pasa el dedo chilla. (La mujer es como la piel llamada «glace». Es muy sensible. Cuando se le pasa la mano al «glace» hace un ruidito chillón.)

☞ Mujer chiquita a morirse invita.

☞ Cadera como lanchón da quemazón.

☞ Mujer que se emperifolla no es de olla.

☞ La mujer que da cotorra es más viva que Boloña. (La mujer que dice palabras muy bellas lo engatusa a uno. «Dar cotorra» es hablar mucho y «ser más viva que Boloña es un cubanismo» que indica ser muy vivo en superlativo.)

☞ El que sea modocita no elimina la risita. (Las apariencias engañan.)

☞ Trenza de mujer horca segura.

☞ Mujer con colorete mancha.

☞ Yeguita que se encabrita no hace cita. («La yeguita» alude a la mujer que no es dulce.)

☞ Mujer cubana sabanero en la sabana.

☞ Mujer cubana mariposa temprana.

☞ Mujer cubana y galán de noche hacen broche.

☞ El que no se arrodilla frente a la mujer no vende zapatos. (El que prueba zapatos a una mujer o bien se arrodilla o bien se sienta en un banquito.) (Refrán de peleteros.)

☞ La mujer es como el lazo, no le viene bien a todo zapato. (Refrán de peleteros.)

☞ Mujer con barriguita al rechazo invita.

☞ Los pelos en la mujer la hacen apetecer.

☞ Mujer con pelo en las piernas es cosa tierna.

☞ Cuando las nalgas de mujer son duras dan calentura.

☞ Mujer con nalgas hinchadas mejor sentada que parada.

☞ Mujer que va a la bodega no es buena vega. (Lo he oído, igualmente: Mujer que va a la bodega no es buena siega. Esto indica que el refrán cubano fue adaptado por los españoles residentes en la isla, porque en Cuba no se «siega». La palabra segar como término de agricultura es casi nula en el vocabulario cubano.)

☞ Mujer que va a la bodega tiene pega. (No es decente.)

☞ La mujer como el azúcar: lo mismo blanca que prieta.

☞ La mujer como la caña tiene que estar limpia sino se traba. (La caña que no está limpia se traba en el trapiche.)

☞ Si la mujer tiene boso pórtate muy celoso. (Se asemeja al castizo: «Mujer con bozo todo lo tiene sabroso».)

☞ Mujer fea puede ser tremenda lea. (Lea es mujer bella, aquí, Cubanismo.)

☞ Mujer con pelusilla arrasa y trilla.

☞ Mujer con pelusilla vuelve loco al que la ensilla.

☞ Mujer con pelusilla aunque parezca una quilla. (Aunque esté muy delgada.)

☞ Si la mujer se guilla prométele villas y castillas. (Guillarse: Hacerse el bobo.)

☞ Mujer con mucha milla ni aunque se ponga de rodilla. (Con mucho millaje: que ha vivido mucho.)

☞ Mujer con puya hace bulla.

☞ La mujer que mucho da no llega a primera. (No se casa. No se le respeta. «No llegar a primera» es un cubanismo tomado del juego de pelota que indica fracasar, no llegar a nada.)

☞ La mujer que te guiña el ojo trae «mal de ojo».

☞ De mordida de mujer has de temer.

☞ Para billar y mujer buena vista has de tener.

☞ De mujer todo lo has de querer.

☞ La mujer que no fastidia es agua tibia.

☞ Si la mujer riñe habrá menos fiñes. («Fine»: niño pequeño; bebé.)

☞ La mujer que regaña no tiene maña.

☞ Toda mujer que quiere riñe.

☞ Si la mujer mucho te besa, reza.

☞ La mujer que no busca no sirve pa la trifulca. («Servir para la trifulea»: fornicar.)

☞ La mujer que enseña el busto enseña lo que da gusto.

☞ Si la mujer camina como un palo de escoba no sirve para barrer.

☞ Mujer que fía no cobra cuenta.

☞ Mujer que lleva pantalones el rabo te lo pone.

☞ Mujer que es jiribilla tiene tarabilla. («Tener tarabilla». Cubanismo. Es peligrosa.)

☞ Mujer que abre una vez las piernas nunca cierra talanquera.

☞ Mujer con mucho sonrojo nunca te da mal de ojo.

☞ Mujer sin sonrojo es mal de ojo.

☞ Mujer que se hace la boba te soba.

☞ Mujer con cartuchera dale huevera.

☞ Mujer con kilometraje nunca para el carro.

☞ Mujer con bigote te pone al trote.

☞ Mujer con mucha gasolina te asesina.

☞ Mujer que no tiene quilla no se ensilla. («Quilla». Senos. Cubanismo.)

☞ Mujer con muchos colores trae con ellos sinsabores.

☞ Mujer que come morcilla no se ensilla. (Morcilla: pene.)

☞ Mujer con mucha pimienta, calienta.

☞ Mujer que no se menea no batea.

- ☞ Mujer con cara de yo no fui falsea el sí. («Cara de yo no fui»: de boba.)
- ☞ Si la mujer levanta la voz no le tires arroz.
- ☞ A sonrisa de mujer has de temer.
- ☞ Mujer fista no la vistas. («Fista»: que se cree la gran cosa.)
- ☞ Mujer con mucha sonrisa te hace abanicar la brisa. («Abanicar la brisa»: Cubanismo que viene de la pelota. Fracasar. No se le da a la pelota. Lo que quiere decir «poncharse».)
- ☞ La naranja agria es como la mujer: hace rica la vida. (La naranja agria sirve para sazonar.)
- ☞ La mujer y la gallina dan sopa fina.
- ☞ Mujer sin mucho talento mientras tenga Barlovento. («Barlovento»: trasero.)
- ☞ Mujer sin mucho talento mientras tenga el estribor.
- ☞ La mujer es como la soga: ahorca.
- ☞ El que vive sin mujer no sabe querer.
- ☞ Mujer sin mucho letrero, cero. (Sin senos.)
- ☞ Mujer y perfume son un danzón.
- ☞ El que tiene mujer buena siempre cena.
- ☞ Sin mujer que te sostenga no hay quien gane una contienda.
- ☞ Mujer sin mucha destreza signo de pureza.
- ☞ Mujer que manotea chusma de «lo que sea». («Chusma de lo que sea»: Expresión de gente sin modales.)
- ☞ Mujer en chancleta ni aunque se te de completa.
- ☞ El que no ama a la mujer no tiene ser.
- ☞ La mujer es bendición y domingo de canción.
- ☞ Sin la mujer ésta vida no camina.
- ☞ El que vive sin mujer es un carnaval sin serpentina.
- ☞ La mujer trae dulzura en las agruras.
- ☞ Mujer con mucha dulzura tumba la cordura.
- ☞ Mujer con mucha cordura también da cintura.
- ☞ Blumes de mujer, talla grande o chica, has de temer.
- ☞ La mujer es toda cosa: piña dulce, madre, esposa.
- ☞ Esposa como palma, salva.
- ☞ El que no tiene mujer tiene las de perder.

☞ La mujer es como el mango: siempre tiene sabor.

☞ La mejor medicina: la mujer en la cocina.

☞ Mujer sin trasero es pan duro.

☞ Mujer sin trasero sin presente ni futuro.

☞ Mujer sin trasero no se embasa de seguro. (Embasarse: lograr algo.)

☞ Mujer sin trasero y con cara linda tampoco guinda.

☞ Mujer culona pan de flauta en tahona.

☞ Mujer planchada ni para darle palmada. (Mujer sin fondillo.)

☞ Mujer con mucho pecho y planchada no toca el techo.

☞ Mujer con mucho pecho y planchada no llega al lecho.

☞ Mujer, así simplemente, ya es aguardiente.

☞ Ni el culo ni el busto cuentan. Lo que cuenta es la mujer.

☞ La cubana es la reina del Edén a todo tren.

☞ La mujer aún con cara agria tiene dulzura.

☞ Si te mira de lado dale guano.

☞ La mujer casada respétala, no solo porque es mujer sino por el marido. (Muy popular.)

☞ Con mujer que es chancletera no has de coger la acera.

☞ Mujer que se aprieta atrás es aguarrás.

☞ Cuando atrás es de «batea», la mujer batea. (Popular de las clases más bajas.) «Tener un trasero de batea» es tenerlo bello y «batear» es hacer algo grande (lograr algo grande.)

☞ La sonrisa de mujer te abre el cielo y el infierno.

☞ La mujer es como el diablo que te lleva al infierno.

☞ Mujer pispireta hace treta.

☞ Mujer que sabe mimar has de acatar.

☞ Mujer que se te resiste dale alpiste.

☞ Cuerpo de saxofón hace ciclón.

☞ Todo cuerpo de guitarra amarra.

☞ Si los senos se mueven como güiras hacen ladridos.

☞ Mujer de guitarrón es un viento de ciclón.

☞ Huye de la voz bonita pues trae pita.

☞ Mujer que parece quilla se empantana. (La mujer que está muy flaca no consigue hombre.)

☞ A la mujer y el bacalao hay que sacarle la sal antes de comerlos.

☞ La mujer como el bacalao ponla en remojo antes del matrimonio.

☞ Si la mujer es peleona amánsala con belladona. (Muy popular. «La belladona» es un calmante.)

☞ Mujer con meneito es un sofrito.

☞ Mujer con cara de tranca da palos.

☞ Cuando la mujer te grita no te tapes los oídos. Vete (Muy popular.)

☞ La mujer dulzona como la guanábana no aburre.

☞ Mujer con la masa fofa a lo mejor es golosa.

☞ Con mujer chancletera no cojas la acera.

☞ La mujer que se te niega quiere más palique.

☞ Si la mujer te quiere como hermano corta por lo sano.

☞ En boca de la mujer «hermano» has de temer.

☞ Mujer de piel de tabaco me hace echar un taco. (Refrán chuchero.) (Me vuelve loco.)

☞ Mujer que es caña de azúcar algunas veces es también caña amarga.

☞ Mujer que es caña de azúcar algunas veces empalaga.

☞ El que no se inclina ante la mujer despachurra hombres.

☞ La mujer que te pone sordina te da harina.

☞ La mujer que no te escucha no te dará chaucha. (La chaucha —cubanismo— es la comida.)

☞ Mujer fondillúa hala como grúa. (Lo bello siempre cautiva.)

☞ Mujer fondillúa mete galúa. (Lo mismo que el anterior. «Meter galúa» es un cubanismo: triunfar.)

☞ La mujer como la flor puede matar.

☞ Mujer con juanete, vete. (Huye del feo.)

☞ Mujer gozadora te devora.

☞ Mujer con mucha gangarria da mandarria.

☞ Dos buenos senos alan más que un par de bueyes. (También se dice que: un par de tetas tiran mejor que dos bueyes.)

☞ Mujer con trombón detrás, mata y más. (Trombón en este refrán significa fondillo o trasero.)

☞ Si hay resabios de mujer, has de perecer.

☞ Si la mujer es hiel no importa que sea fiel.

☞ Mujer que es hiel no cambia aunque se le sea fiel.

Mulata

☞ Cuando la mulata quiere, con el meneo, el gallego muere.

☞ Mulata que no es culona no viene de Pamplona.

☞ Mulata y capitán «Bangán». (Equivale al castizo: El hombre es fuego y la mujer es topa llega el diablo y sopla. Capitán es como le decían a los chinos en Cuba.)

☞ Mulata y chino enseguida se hacen amigos.

☞ Mujer, con traza mulata, arrebata.

☞ Mulata de guitarrón hace ciclón. (Tiene cuerpo en forma de guitarra.)

☞ Hasta a Pimpinela Escarlata lo derrota la mulata. («Pimpinela Escarlata» es el héroe que nunca falla de la conocida película.)

☞ Si la mulata no chancletea no se menea. (No sirve.)

☞ Mulata con gran batea aunque tenga senos pequeños. (Batea es el trasero y caderas amplias.)

☞ Si el chino le gusta a la mulata, muerto a la vista.

☞ Mujer mulata que no es culona no viene de Pamplona.

☞ Mujer mulata que no es culona no le gusta a Pamplona.

☞ No hay mulata sin trasero como no hay pez sin agallas.

☞ Mujer mulata mientra más culona más trincha.

☞ Mujer mulata y colorete no pegan.

☞ Cuando le llega la edad toda mulata engorda. (Todo en la vida termina; perece.)

☞ Si la mulata mueve la batea hace ola. («Batea» es «trasero». «Hacer ola», es otro cubanismo que significa «hacer impacto», «hacer mella».)

☞ Mulata con trenza china el papalote abolina. (Las mulatas que eran una mezcla de una mujer de color con un chino eran preciosas. Algunas usaban trenzas a la usanza china.)

☞ El chino con la mulata dan buena mata, (las hijas de mulata y chino son preciosas.)

La que empina la batea, del blanco al negro recrea.

☞ Mulata con tacones altos es un espanto. (Es decir sobrecoge por su belleza.)

☞ Mulata con guarandol tumba un farol. (Cuidate de la lisonja de las palabras bonitas. La belleza llega al fondo del alma. El guarandol es una tela.)

☞ Mulata con saxofón es un danzón.

☞ Mulata emperifollada del gallego hace colada.

Naturaleza cubana

☞ Siempre en el azul cubano es verano.

☞ Quien mira el mar cubano se le quita el desgano.

☞ El mogote y el cubano son hermanos.

☞ El cubano es yúa y ceja de monte, y sinsonte.

☞ El cubano tiene playa pero también piña ratón.

☞ La libertad y el cubano caminan de mano.

Negro

☞ Si la hormiga fuera blanca no la mataran.

☞ Al que usa camisa roja se le monta Changó. (Se vuelve loco, se pone de mal humor. Chango es un santo de la santería cubana.)

☞ El que nació para Totí lo visten de negro.

☞ El majá nunca se aleja de la cueva. (De negro viejo.)

☞ No se puede confundir el jubo con el majá. (De negro viejo.)

☞ Por miedoso que sea el majá mata gallinas.

☞ Chivo que rompe tambor con su pellejo lo paga.

☞ Para sacar la araña de la cueva hay que engoarla.

☞ Pollo con kilo prieta asusta pero no mata.

☞ Los camaleones en vez de papada tienen levita.

☞ El que está salao no le vale babalao.

☞ La gallina prieta no quita dolor de dientes.

☞ Del dulce que es pa el santo no comas.

☞ Cuando Changó se monta no vale caballo. (No hay nada que hacer. Changó es un dios de la religión africana vigente en Cuba.)

☞ Cuando el dolor es bravo no vale aceite e maja.

☞ cuando el santo no se dá, no hay coco prieto que apriete.

☞ El aura tiñosa nunca es señora. Siempre come carroña.

☞ Negra que fuma tabaco sabe como hacer ajiaco.

☞ Si tu eres tiñosa la mujer es la misma cosa.

☞ La paciencia me hace rey.

☞ El negro que tiene canas sabe de cosas muy sanas. (Está cargado de sabiduría.)

☞ Aunque se tenga barbas no se pasa de chivo muchas veces.

☞ El cojo nunca corre más que el que tiene dos piernas.

☞ La tiñosa siempre se alimenta de lo muerto.

☞ Cuando alguien es tiñosa tiene la mano mohosa. («Ser tiñosa»: Mala paga. Cubanismo.)

☞ Si te bañas con la luna en el río te coge el güije. (Por bello que algo parezca hay que ser precavido. El güije es como un demonio en las leyendas cubanas.)

☞ El güije duerme de día pero no el mal.

☞ Negro en el correccional termina en el hospital. (Abusan de él.)

Niño

☞ Niño bocón dale un pescozón.

☞ Niño malcriado enderézale el tablado.

☞ Niño desobediente sácale un diente.

☞ Niño con muchas trenzas sale vergüenza.

☞ Niño que quema lagartija a tiempo dale lija.

☞ Niño cabezón (testarudo) invita al trompón.

☞ Niño travieso tiene seso.

☞ Niño en bombacho no tira a macho.

Papalote

☞ Para elevarse no hay que empinar chiringa sino papalote.

☞ El que da cordel sabe empinar papalote.

☞ El rabo sin tarabilla es mentirilla.

☞ Cuando te ponen cruceta recoge el hilo.

☞ Papalote sin cruceta es veleta.

☞ Al que vuela alto el papalote le cortan el hilo.

☞ En el rabo y los frenillos está el papalote.

☞ El que no sabe cortar pierde el papalote.

☞ Papalote sin cuchilla no hace la milla.

☞ Papalote sin cruceta aunque sea «calaverita». (El calaverita es un papalote que lleva el signo de la muerte como dibujo.)

☞ Para empinar papalote hace falta buen viento.

☞ Si se enreda el papalote, si tiras del hilo lo pierdes.

☞ El papalote pequeño corta al coronel. (Coronel era un modelo grande de papalote).

☞ A la picúa es la primera que cortan. («La picúa» es un papalote muy grande y pesado que no tiene movilidad.)

☞ Papalote y serpentina se van abolina.

☞ Donde veas un molote, abolina como el papalote.

☞ Pirata sin empinador pierde los huesos. (Había un papalote llamado Pirata o carabelita que tenía una carabela y dos huesos cruzados abajo.)

☞ La cruceta no corta sin treta.

☞ Mientras más hilo tú das más fácil es que te corten.

☞ Mientras más lejos del rabo más la cruceta corta.

Parodias
(Son del Exilio)

☞ Auto que se duerme al sereno motor frío y brusco freno.

☞ Si el carro quieres parquear el primer hueco que veas no dejes pasar. (A la oportunidad la pintan calva.)

☞ Esperando la guagua de la ruta tres ves pasar la dos, la cuatro y la veintitrés. (Ten calma: La vida juega con uno. Todas las guaguas pasan antes de la que se espera. La vida, repito, da grandes golpes, también.)

☞ A donde fueres busca mujeres. (A donde fueres haz lo que vieres Castizo.)

☞ Si de la O.E.A (Organización de Estados Americanos) esperas una buena acción espérala en una silla o en un buen butacón. (Critica a la Organización de Estados Americanos porque es un organismo burocrático que permitió además, en violación del Tratado de Río: el Comunismo en Cuba.)

☞ Si no quieres que alguien deje de tomarte el pelo trate, usar peluca no es ningún disparate. (Hay que estar prevenido.)

☞ Chivo que rompe tambor con «liability» paga. (Es el refrán cubano que procede de los descendientes de africanos. «Chivo que rompe tambor con su pellejo lo paga». «Liability» es un tipo de seguro que protege de reclamaciones. Es una parodia del exilio.)

☞ Más vale cien enemigos en la mano que uno disparando. (Parodia de «más vale pájaro en mano que ciento volando. Pupularizado por el seminario cómico *Zig Zag*.)

☞ Ande yo caliente y siga «la libreta de pasar hambre» matando gente. (La «libreta de pasar hambre» es «la libreta de racionamiento» en Cuba.)

☞ El que da pan a perro ajeno se queda sin comerlo aunque esté bueno. (Castizo: El que da pan a perro ajeno pierde el perro y pierde el pan.)

☞ El que a buen árbol se arrima, los cantos de los pájaros le caen encima. (Castizo: El que a buen árbol se arrima buena sombra lo cobija.)

☞ Mal de muchos no llena de alimento los cartuchos. (Se refiere a la situación en la Cuba de hoy donde el mal impera. Castizo: Mal de muchos consuelo de tontos.)

☞ Ojos que no ven, si van por la línea los mata el tren. (Castizo: Ojos que no ven corazón que no siente.)

☞ Cuando el mal es de actuación no valen padrinos buenos. (Parodia: «Cuando el mal es de cagar no valen guayabas verdes». Éstas paran la diarrea.)

☞ Con el tiempo y un ganchito a lo mejor llega el permiso de salida. (No se puede salir de la Cuba Comunista sin un permiso de salida del gobierno. El cubano dice: «con el tiempo y un ganchito todo se resuelve».)

☞ Aunque la mona se vista de miliciana se le nota el rabo. (Alude a la miliciana cubana. Hay un cuerpo estatal paramilitar llamado las milicias. «Aunque se vista la mona de seda, mona se queda».)

☞ No por mucho madrugar sale el bote más temprano. (Alude al bote en que se van clandestinamente la gente de Cuba huyendo del comunismo. «No por mucho madrugar sale el bote más temprano».)

☞ Más vale Raúl en mano que ciento volando. (Alude a la homosexualidad de Raúl Castro. «Más vale pájaro en mano que ciento volando».)

☞ Cuando veas las barbas de Fidel arder ponte a rezar por los piojos. (Alude a que Castro es poco aseado. «Cuando veas las barbas de tu vecino arder pon las tuyas en remojo».)

☞ Agua que no has de beber deja que la beba otro que no tenga sed. («Agua que no has de beber déjala correr».)

☞ Dame dólares y llámame tonta. (En Cuba no se puede comprar nada sin dólares.)

☞ Donde las dan no las toman. (Las monedas falsas. Dando y dando. Castizo: Donde las dan las toman.)

☞ Cuando veas las barbas de tu vecino arder abandona la barbería sin tardar. («Cuando veas las barbas de tu vecino arder pon las tuyas en remojo».)

☞ A Dios rogando y con los comunistas coqueteando. (Alude a la política de la Iglesia Católica y otras denominaciones protestantes. «A Dios rogando y con el mazo dando».)

☞ De sabios es no rectificar. (Equivale a la expresión española: «mantenello y enmendallo». Castizo: De sabios es rectificar.)

☞ En la vejez pensiones. (En la vejez viruelas.)

☞ La mona si se viste de seda, puede estar monísima. (Aunque se vista de seda la mona, mona se queda. Castizo.)

☞ El hombre, el oso y quien sea, mientras más feo, más horroroso. (El hombre es como el oso, mientras más feo, más hermoso.)

☞ Quien mucho habla y mucho yerra es el caballero de Fidel Castro. (Castizo: Quien mucho habla, mucho yerra.)

☞ El ojo del amo ruso engorda al Caballo. (El caballo es el nombrete de Fidel Castro. Los rusos hasta la caída del muro de Berlín le sostuvieron su dictadura, económicamente. Castizo: El ojo del amo engorda el caballo.)

☞ Mujer con minifalda, mucho muslo y poca falda.

☞ Mujer con pantalón puede asomarse al balcón.

☞ Para el jugador de numeritos antes del tiro todos son bonitos. (Para el jugador de juegos de azar antes de que se sepa que número ganó todos son bonitos.)

☞ Con el «special» de los almacenes gastas el money que no tienes. («Special» es mercancía rebajada y «money» es dinero. Este refrán es de los cubanos que se encuentran en Estados Unidos como expatriados forzosos.)

☞ Si ves mucha televisión acabarás rompiendo el sillón.

☞ Para tener con el «auto stop» fortuna has de parar solo a una. (Anda solo con una mujer. El «auto stop» se llama el parar a alguien para que lo lleve en el vehículo que conduce. Aquí se le para a una mujer.)

☞ A televisor regalado no se le mira el programa. («A caballo regalado no se le mira el diente», Castizo.)

☞ El que se acuesta con Rusia... limpiecito amanece. (Al que se asocia con Rusia lo esquilman. Castizo: El que se acuesta con niños amanece meado.)

☞ El hombre propone y el «Income Tax» dispone. (El castizo es: «el hombre propone y Dios dispone». «El Income Tax» es la hoja de impuestos. Algunos llaman así a la oficina de impuestos norteamericana Internal Revenue Services.)

☞ Ladrón que roba a ladrón se hace libretista de televisión. (Parodia al castizo: «Ladrón que roba a ladrón tiene cien años de perdón».)

☞ El que con Olga Breeskin se acuesta, amanece en violón. (Parodia al castizo: «El que con niño se acuesta aparece cagado».)

☞ No hay telenovela que dure cien años ni televidente que la resista. («No hay mal que dure cien años ni cuerpo que lo resista». Dice el Castizo.)

☞ Más vale Rafael en mano que ciento volando. (Viene del castizo: «Más vale pájaro en mano que ciento volando».)

☞ El ojo de Iris engorda a Farías. (El ojo del amo engorda al caballo. Iris es Iris Chacón. Tiene un trasero descomunal y su empresario, Farías, engorda, o sea gana dinero, porque la gente, además del arte de la señora, admira su belleza en el trasero.)

☞ Dime con quien sales y te diré si actúas. (La mujer que tiene como conección a un empresario siempre actúa. Corresponde al castizo: «El que a buen árbol se arrima buena sombra le cobija».)

☞ Más vale Julio conocido que Marqués de Griñón sin conocer. («Más vale malo conocido que bueno por conocer», es el castizo. Julio es el cantante español, Julio Iglesias.) (La ex-mujer de Julio Iglesias se casó con el Marqués de Griñón.)

☞ De las novelas extranjeras líbreme Dios, que de «El Ídolo» y «Cristina Bazán» me libro yo. («Del agua mansa, líbreme Dios que de la mala me libro yo». Parodia a éste refrán.)

Perro

☞ Perro que olfatea coge presa.

☞ El perro debe siempre ser olfato y colmillo. (El hombre tiene que poder aquilatar una situación y tener garra.)

☞ Perro canoso sabe como un coloso. (Equivale al castizo: «Mas sabe el diablo por viejo que por diablo».)

☞ El perro que come azúcar también muerde.

☞ Perro que enfila para el monte hay que darle componte. (La palabra componte se oye en Puerto Rico y apenas en Cuba lo que indica la prosapia del refrán. Significa que hay que enseñar al desobediente.)

☞ Por los ojos se conoce al perro rabioso.

☞ Por la baba se conoce al perro rabioso.

☞ Si el perro te rehuye, huye.

☞ Perro con baba en la boca está rabioso.

☞ Perro sin colmillo camina cabizbajo.

Pintor

☞ Si usas mucho aguarrás salta la madera.

☞ Para dar cepillo hay que tener ritmo.

☞ Si pintas sin suavidad te harás una horedad.

Policía

☞ Si el guardia suena el tolete mejor vete.

☞ Azúl con tolete es fuete.

☞ Si es policía y sonríe no te fíes.

☞ Aunque el azul toque el palo es malo. (Hubo un tiempo en Cuba que los policías para comunicarse entre sí en los barrios daban sobre el pavimento con el palo que llevaban.)

☞ Policía y mayoral son un solo mal.

☞ Azul con palo y sin palo asoma tigre, y bien temprano. (Todo hombre con uniforme es bestia.) (De color azul era el uniforme de la policía en Cuba.)

☞ «Polisman» que se avecina, pierrili y no fumina. (Evita una situación peligrosa antes de tener que usar la violencia. Es otro refrán del chuchero. «Polisman» es policía; «pierrili» es correr, huir y «la fumina» es el revólver.)

☞ Chino en el correccional le dan arroz con palito. (Lo acaban, lo multan fuerte. Abusan de él.)

☞ Policía sin dinero al chino multa primero. (El policía deshonesto para buscarse algún dinero o para mostrar que ejercía la autoridad multaba al chino y lo llevaba al correccional por estar echando mucha agua frente al negocio, la que invadía la calle cuando limpiaba.) (Equivale al refrán español: «Del árbol caído todos hacen leña». El chino, casi siempre, era muy humilde.)

Político

☞ Político acomodaticio hace vicio.

☞ Político que es guabina hace una mina. (Guabina. Cubanismo. Astuto.)

☞ Político con medallón no da ni pa Ron.

☞ Político con medallón lo que da es trompón.

☞ El que no vende célula no abraza político.

☞ Político de jipijapa no da ni tapa. («Tapa»: moneda de veinte centavos.)

☞ Político y voladora dan la hora. (Voladora: célula que se usa para votar varias veces en una misma elección.)

☞ Político con dril cien, mercancía de «ten cen».

☞ Político y ganzúa no los separa ni la grúa.

☞ Si el político te abraza da candela.

☞ No hay político sincero ni flamboyán en enero.

☞ Político y sortijón son marañón.

☞ Político y sinsonte son un son. (También: «Político y sinsonte son n dúo».) (El político tiene mucha labia.)

☞ Para ser político hay que quitarle los «espaiks» a los zapatos. (Los «spikes» que el cubano pronuncia «espaiks» son los clavos que tienen en la suela los zapatos de jugar pelota.)

☞ Político que es muy guasón es sinvergüenzón.

☞ Político con medallón échalo al rincón.

☞ Político con cocomacaco es un caco.

☞ El Político y el grillo saltan.

☞ Político como sinsonte es cabra que tira al monte.

☞ Político con tresillo apuesta de que es un pillo.

☞ Político con dril cien dentro es donde se debe ver.

☞ Político con dril cien viste bien pero es maruga. («Maruga» es un cubanismo que indica tramposo, entre otras cosas.)

☞ Político sin botella no es halagüeño. (La botella es una sinecura.)

☞ Político con vetiver tiene las de perder. (El «vetiver» es un perfume barato.)

☞ Político de agua de Guerlein si no unta; huele mal. (Guerlein: marca de un perfume. Untar: dar.)

☞ Político que va a la iglesia es mala pieza.

☞ Político dicharachero no es merendero.

☞ Político y apuntador un binomio perdedor. (Apuntador que recoge la lotería.)

☞ Político cambia partido dale un tiro.

☞ Político que va a la Renta está en venta. (La Renta de Lotería donde se daban asignaciones de billetes a los políticos para que cambiaran de partido o votaran en la forma que se quería.)

☞ Político que no da la cara es más pequeño que vara.

☞ Político con casa en playa se lleva hasta la muralla. (La muralla de Habana.)

☞ Político que no conoce es un puerco en el destroce.

☞ El político es como el puerco que destroza el plantío de yuca.

☞ Político sin pantalones no te asomes.

☞ Político con revolvón es peor que un ladrón.

☞ Político con revolvón es chulito de salón.

☞ Político con cuarenta y cinco nunca aprieta el gatillo.

☞ Político que discursea no es bueno ni para una mea. (Mea: meada.)

☞ Político de cuello duro no es pan seguro.

☞ Político de revolvón dale tizón.

☞ Político de dos tonos mejor en Marte y Belona.

☞ Político jugador da dolor.

☞ Político que pasa la mano te roba el guano. («Guano» es un cubanismo que significa dinero.)

☞ Político estilo sinsonte, cabra que tira al monte.

☞ El político es como el pato: «huyuyo».

☞ Político y serpentina, de la misma mina.

☞ Si te gusta el jipijapa serás político de zapa. (Jipijapa es el sombrero.)

☞ Jipijapa con dril cien no asienta bien.

☞ Político que da garrafón bueno como el medallón. (Se refiere a la llamada botella o sea el puesto del que se recibe un sueldo sin trabajar. Cuando se recibe mucho dinero la botella se convierte en garrafón. El medallón es la medalla con la esfigie de la Caridad del Cobre, patrona de Cuba. Mucha gente del pueblo la lleva pendiendo de un collar de oro del pecho. También de oro al medallón.)

☞ Político con anillón ni güira ni son. (No sirve. No es leal.)

☞ Político que da palmadas no da empanadas.

☞ Político de medallón malo hasta el hondón.

☞ Político que se sonríe manda para Macurije. («Mandar para Macurije» es un cubanismo que quiere decir que te engaña. Macurije es una región en el campo cubano.)

☞ Político que da botella nunca le formes querella. (Lío.)

☞ Político con dos tonos es ajonjolí quemado. (Este refrán es del campo cubano. Los dos tonos son los zapatos de los colores. El ajonjolí es un dulce que si se ha quemado sabe muy mal.)

☞ Político con dril cien es miel.

☞ Político de ven mañana es de jarana. (No sirve.)

☞ Político que no sabe halar leva no llega.

☞ Político sin anillón no toca son.

☞ Político con cocomacaco es un caco. (Cocomacaco es un bastón.)

☞ El político es como el cimarrón: siempre tira al monte.

☞ Político sin querida no hay quien lo encuentre en vida.

☞ La Renta de Lotería es de político vía. (En la Renta de lotería o sea el organismo que en Cuba vendía billetes le daban al político un número de billetes semanales que el vendía en su provecho.)

☞ Político con jipijapa está en la papa. (Estar en la papa es un cubanismo que quiere decir: estar muy bien financieramente.)

☞ Político que discursea siempre te tiene en la tea. (No da nada.)

☞ Político de mañana ven te deja en el andén.

☞ Político sólo el día de las elecciones, nones.

☞ Político con revolvón es chulo y guapetón.

☞ Político que come picadillo es hombre bueno y sencillo.

☞ Político que te invita a picadillo bueno y sencillo.

☞ Político que está apurado no da ni mantecado.

☞ Político bueno cerito de enero a enero.

☞ Político con vergüenza ni se ve.

☞ El político no da ni dice donde hay.

☞ Político con sortijón más culebrón.

☞ Político bueno de enero a enero.

☞ Político con vergüenza ni se piensa.

☞ El político no da ni dice donde hay.

☞ La querida del político se llama «viajera». («La viajera» es una boleta electoral con la que se vota varias veces.)

☞ Político popular es siempre marrullero.

☞ No hay político bueno ni piña ratón sin espinas.

☞ No hay político apóstol aunque si apóstol político.

☞ El apellido del político es camaján. (Camaján es el que tiene mucha inteligencia para hacer cosas malas.)

☞ Político que siempre sonríe de ti se ríe.

☞ Si el político te abraza busca el puñal.

☞ Político que huele a perfume no es un querube.

☞ Políticos con diamante en la corbata chulo que arrebata.

☞ Político con tresillo al billete saca brillo. («Sacar brillo»: robar cubanismo.)

☞ Político de veras sanguijuela.

☞ Político con tabacón da candela.

☞ Político con zapatos de dos tonos no da abono. («Dar abono»: ayudar: cubanismo.)

☞ Político de revolvón es matón.

☞ Político de revolvón, cucarachón. (Malo. De las clases más humildes.)

☞ Todo político roba segunda y te tumba. (Tumbar: engañar. Cubanismo: «Robar segunda» es ser mañoso.)

☞ Si a tu casa va un político esconde la vajilla.

☞ Político jugador te juega a ti y a antenor.

☞ El político huyuyo forma barullo. (Huyuyo: que no da cara. Cubanismo.)

☞ Político con sonricilla tiene tarabilla. (Tarabilla: Tramba en el rabo del papalote para coger otro papalote violentamente.)

☞ Político intransigente no miente.

☞ Político de asamblea huye antes de que te vea.

☞ El político cimarrón está al montón.

☞ Político de abrazote pone el lazo.

☞ Político que te ve de enero a enero es un fullero.

Menéndez

Cuando la cosa es de bola llama al ánima sola.

Populares

☞ Al hombre huyuyo regístrale los pantalones.

☞ Al hombre huyuyo regístrale el alma. (El hombre huyuyo: el hombre que no es trigo limpio.)

☞ Toro que no existe no embiste (Equivale a «donde hay hombre no hay fantasma».)

☞ Si la suerte te sonríe es como Dios que te guía.

☞ El que te tira serpentina a lo mejor te da anilina.

☞ Si caminas como la lombriz te pisan.

☞ Sarna con gusto no pica y si pica no mortifica.

☞ Si uno se deja comer lo digieren.

☞ Si comes piltrafa, eruta pollo.

☞ Aunque la carne sea dura a palos se ablanda. (De ama de casa.)

☞ Nunca uses el rollete sino el cuchillo de punta para sazonar la carne. (De ama de casa.)

☞ La raspadura es dura pero hace feliz.

☞ Espalda que se doblega no aguanta fajina. (El que no es duro no triunfa.)

☞ La maldición del burro no llega al cielo.

☞ La vida es como la guagua: hay que cogerla corriendo.

☞ El que se mete a cimarrón que espere un ciclón.

☞ El que no tiene educación va al trapiche del montón. (Educación.)

☞ Para «jugar al pegado» hay que tirar con cuidado. (Jugar al pegado es tirar una chapita contra una pared. El que queda más pegado a la pared gana.)

☞ Para tocar la trompeta hay que tener pulmones y melodía. (Música.)

☞ El que no sabe bailar que no vaya a la Polar. (En la Polar, una cervecería cubana de bellos jardines se daban bailes, muy famosos, a los que asistía el pueblo.)

☞ Sin fe no hay café.

☞ El pan con dulce guayaba muy seguido se te traba.

☞ Al pescado en la tarima mírale el ojo. (Mirándole al ojo se sabe si el pescado es fresco o no.)

☞ Para decir «lo que sea» hay que estar listo para la pelea.

☞ Para evitar el janazo conócete el espinazo.

☞ Cuando la de abajo se para se pierde la de arriba. (Campesino.)

☞ El sargento en la carpeta no toca en la retreta. (Cada uno a lo suyo.)

☞ Andar con culicagaos es poner pañales. (El que anda con gente basura no sube en la vida.)

☞ Cuando bailes el danzón no dejes el ladrillo. (El danzón se baila en un ladrillito, la pareja bien pegada en un espacio pequeño.)

☞ El que mucho boconea no arrea.

☞ El cangrejo tiene muelas pero cae en el saco.

☞ Aunque te bañes en la orilla cuídate de la resaca.

☞ Un sillón hace rincón. (Todo sitio es bueno para meditar.)

☞ El que coge transferencia a la larga se revienta. Hay que confiar sólo en uno. (Coger transferencia es pedir en el transporte citadino «un ticket» para cambiar de ruta de transportación para llegar al destino que uno se propone. Transporte.)

☞ El que pierde la toronja no hay Dios que se la componga. (Árbol que nace torcido jamás su tronco endereza.)

☞ Tamal que pica no lleva a la botica (Barriga llena corazón contento.)

☞ El que no tiene libreta no consigue muleta. (Al que no lo ayudan no progresa.) (Es un refrán de la Cuba de hoy que tiene como base la tarjeta de racionamiento del estado para que la gente pueda conseguir escasos alimentos.)

☞ Para ser loco de atar los cojones machacar. (Cuidado con el que se finge loco. El que se daña a sí mismo, el que se suicida, ése si está loco.)

☞ Para jugar a las bolas hay que tener ñate. (Tener ñate. Tener buena puntería. Cubanismo.)

☞ El que usa calobares es vendedor de tamales. (En Cuba se tenía por persona de baja estrofa al que usaba «espejuelos calobares», verdosos.)

☞ Porque el grillo salte no es maromero.

☞ El que no tiene muñeca que no forcejee. (El que no tiene fuerza mejor no se mete en peleas.)

☞ Una muñeca chiquita a lo mejor es dinamita. (No te confíes nunca.)

☞ El que anda entre leones que no coma bombones. (El que lía con cosas o gente fuerte tiene que ser él también muy fuerte.)

☞ Si te quieres divertir el dinero has de invertir. (Exilio.)

☞ El calamar aunque tenga tinta no escribe.

☞ Hasta la mañana dulce puede hacerse noche.

☞ El que come mucho caramelo se le pican los dientes.

☞ El que mucha sombra busca vive mucho en la disculpa.

☞ Para tirar cohete hay que tener fósforo.

☞ Hay mujeres que son ciguapa. (Son la «muerte». «La ciguapa» es una leyenda de Pinar del Río. Es refrán originado en la provincia cubana de Pinar del Río.)

☞ El que se pierde en la sabana encuentra la ciguapa. (Hay una leyenda de la provincia de Pinar del Río de que el que se pierde en la sabana encuentra a la muerte como «bellísima mujer» que lo seduce y mata.)

☞ Para subir a la palma hay que saber poner lazos.

☞ Al que le tiembla la mano puede meter cuchillo.

☞ «Tener cabeza» muchas veces significa cabezón.

☞ No por tener cabeza se puede uno poner el sombrero.

☞ Lo que vas a empeñar es mejor venderlo.

☞ Para comer catibía sobran los días.

☞ Para comer catibía no hace falta pala.

☞ El que se rasca la barriga no es una hormiga. (La hormiga trabaja siempre.)

☞ No juegues con Dios porque siempre te ponchas. (Pierdes.)

☞ No reniegues de Dios porque siempre te ponchas.

☞ Dios castiga sin palo ni piedra.

☞ Tratar de engañar a Dios es hincharse de catibía. («Hincharse de catibía» es ser un estúpido.)

☞ Cuando el pico se alborota la desgracia ya te toca. (Es como el refrán: Para hablar y comer pescado hay que tener mucho cuidado.)

☞ El que no controla el chucho termina haciendo cartuchos. (El que no controla las pasiones termina mal.)

☞ Cualquier pico alborotado actúa como malvado. (A la lengua hay que tenerle mucho miedo.)

☞ El que sólo piensa en el pico es un mico. (El que solo piensa en hablar es un tonto.)

☞ Cuando sube la cabeza de abajo se pierde la de arriba. (En la emoción del sexo se pierde la razón

☞ La culpa de todo la carga el totí. (Muy popular.)

☞ Aunque tengas cabeza, reza.

☞ No hay pisada en la arena sin huella. (Hay que ser muy cuidadoso en todo.)

☞ La maraca es más que güira y bolitas. (Las cosas más sencillas son, sin embargo, complicadas.)

☞ Si el desayuno es ligero llegas primero.

☞ Para romper la bobina hace falta estricnina. (La cosa no es fácil.)

☞ El higo y el estómago son enemigos. (El higo es de difícil digestión.)

☞ El que sólo come harina no se empina. (La harina no hace crecer en ningún sentido. Ni en el alimenticio, ni en el de los negocios. Harina es dinero de baja denominación en cubano.)

☞ Bombero sin la manguera no apaga fuego.

☞ Si te vas de cortalazo levántate y aligera el paso. («Cuando el trompo se va de lado, se va de cortalazo» Cubanismo.)

☞ En casa del trompo hay que dar vueltas. (Equivale a «A dónde fueres has lo que vieres».)

☞ Asociarse con cuatreros se pierde honra y dinero.

☞ Amar a base de billete aunque se te caiga el fuete. (El dinero en muchos casos vale más que el vigor sexual. «Caerse el fuete es estar impotente».)

☞ Querida con cuarto puesto: además de bobo, muerto.

☞ Bien viejuco y sin moneda tiene tarro en la alacena.

☞ En el amor casabe y mucho jarabe.

☞ Para ganar en la vida toca siempre maracas.

☞ Con candela o sin candela el piñón botija hinca. (El piñón botija es una planta cubana con muchas espinas que crece muy tupida.)

☞ El que se duerme en el surco no abre hueco.

☞ El que canta sobre el surco hace del sudor harina.

☞ Leita que se da lija, curricán con caramelo. (A la mujer que resiste al enamoramiento se le endulza con palabras ricas y otros detalles. Este es un refrán del chuchero, un personaje de germanía que existió en Cuba en los años cuarenta. «Darse lija» es fingir, con actitudes, que se vale mucho. «Leita» es mujer. «Curricán con caramelo» es cubanismo: «el curricán» es una soga que se pone detrás de los botes o yates de pesca con un pescado para coger peces grandes.)

☞ Si la cagada es de pájaro aunque vigiles el cielo.

☞ El que juega con masilla se le endurece.

☞ El que mucho da poco recoge.

☞ Para dar hay que saber parar.

☞ Pájaro que come vuela. (Lo he oído entre las mujeres referido al hecho que si se le entrega una mujer al hombre éste no se casa.)

☞ Hay muertos que no hacen ruido porque andan en alpargata.

☞ La gata que ronronea no araña.

☞ Sarna con gusto no pica y si pica no mortifica.

☞ Toda «jartera» (hartarse) da cagalera.

☞ El que vive atolondrado no hace cuajo.

☞ La galleta con gorgojo aunque se empeñe batea flojo. («Batear flojo» es un cubanismo referido al hecho de que los «viejos» son galleta con gorgojo y no hacen mucho sexualmente.)

☞ El que no le «mete el chucho» no come del cartucho. («Meter el chucho» es un cubanismo que quiere decir: Trabajar.)

☞ Para comer pescado hay que sacarle primero las espinas.

☞ Pescado de ojos de vidrio tiene ciguatera. (Los ojos son el reflejo del alma.) (Ciguatera: envenenamiento.)

☞ El que no saca carbón métele un ciclón. (Al que no trabaja rudeza con él.)

☞ El que no se pone duro es un plátano maduro.

☞ El que come raspadura y bebe agua se indigesta.

☞ El que le mete al Peralta salta. (El Peralta es un ron muy fuerte.)

☞ El que se rasca el cabello que tiene caspa es un sello.

☞ Cepillo que no tiene diente tampoco tiene mango.

☞ Cepillo que huele mal aunque lo laves con sal.

☞ Pañuelo blanco manchado aunque le den un lavado.

☞ La muerte es un sitio frío sin bohío.

☞ El que juega a la muerte lo abandona la suerte.

☞ El que se juega el moropo es un topo. («Jugarse» el moropo es exponer la vida.)

☞ Al que vive mucho le dan chucho.

☞ El que masca caramelo se indigesta.

☞ El que nace con agallas ni en la cárcel se las cortan.

☞ Aunque el café nace en la sombra hace doblar el lomo. (Café.)

☞ Al que es yúa en el monte la metralleta no le da raya. (Nacido con la actual situación cubana, con Castro en el poder.) (Ser «yúa» hombre bravo.) (Campo.)

☞ Al que es yúa en el monte el plomo no lo amedrenta.

☞ Al que es yúa en el monte el batuqueo no le da meneo. (Batuqueo: Batalla.)

☞ Si se te caen los pantalones ábrele hueco a la faja. (Faja es cinturón.)

☞ Si se te caen los pantalones apriétate la faja.

☞ Si no hay cáscara no hay buen tumbao. (Si no hay dinero nada se consigue: «buen tumbao».)

☞ Si no hay cáscara no hay buen montuno. (Cáscara: dinero, Montuno: baile popular. Sin dinero nada se consigue.)

☞ El que a buen árbol se arrima... buena Florida le cobija. (El que tiene un buen contacto en Cuba logra llegar a la Florida.) (El que a buen árbol se arrima buena sombra le cobija. Del exilio.)

☞ El que no oye consejos no llega al exilio. (El que no oye consejos no llega a viejo.)

☞ Por el hilo se saca al pariente. (Por el teléfono el cubano localiza al pariente en Cuba para traerlo a Estados Unidos.) (Por el hilo se saca el ovillo.)

☞ Cuando las barbas de tu vecino veas pelar es que ha conseguido una navajita. (Alude a la critica situación económica de Cuba.) (Castizo: Cuando las barbas de tu vecino ves arder pon las tuyas en remojo.)

☞ Más vale boniato en mano que cien en la libreta. (Alude a la libreta de racionamiento en la Cuba castrista.) (Castizo: «Más vale pájaro en mano que ciento volando».)

☞ Pan para hoy y hambre para todos los días. (Alude a la situación de hambre que impera en Cuba bajo el gobierno castrista.) (Castizo; «pan para hoy y hambre para mañana».) (Exilio.)

☞ No por mucho madrugar cobra más en el campo de caña. (Alude a que los obreros en Cuba los obligan a trabajar horas extras, llamadas trabajo voluntario y no cobran.) (Castizo: «No por mucho madrugar amanece más temprano».) (Exilio.)

☞ Gallego que habla con zeta baila en la Polar. (La Polar: Una cervecería cubana con jardines y salones de baile.) (Exilio.)

☞ Si vas a reunión social aguacate has de evitar. (Exilio. El aguacate es ventoso.)

☞ Cuando la cosa es de bola llama al ánima sola. («Ánima Sola»: Oración de la santería cubana. Cuando un lío es grande encomiéndate a los santos.)

☞ El que se saca los piojos es piojero.

☞ Al que le gusta tocar la masa le dan braza.

☞ El chinito rejillero nunca te deja en enero.

☞ Entre la yerba crece zarza.

☞ El que come gofio se atora.

☞ El que pide ayuda a otros es porque está manco.

☞ El bizco no ve de lejos mientras no se arregle la bizquera.

☞ Cuando el mal es de cagar la cosa es al duro y sin guantes. (Seria.)

☞ Viejo, aunque parezca pollo, tiene moquillo.

☞ Si se pone buen sofrito el condumio es un grito.

☞ Aunque cales el mamey no todo puedes comer.

☞ Camarón que se duerme se lo lleva la corriente.

☞ Si te dan jarabe e pico ponte en guardia. (Desconfía del que te habla bonito.)

☞ La vida es un cohete explotado.

☞ El que avanza trepando muere en la caída.

☞ A la ropa sucia hay que darle lejía.

☞ Todo que sea pestilente no lo tientes.

☞ A un bagazo poco caso y a un mojón poca atención. (Ser «un bagazo» es un cubanismo que indica que algo no vale nada. «Ser un mojón» es un cubanismo que indica que no se vale nada.)

☞ El que te salpica de chicle casi siempre vira la papelera. (El que te da mucho cariño casi siempre te engaña.)

☞ La vida es como el boxeo, hay que dar piñazos (puñetazos).

☞ Maruga con cara bella no hace mella. («La maruga» era la mujer que se probaba una enorme cantidad de zapatos y no compraba ninguno. También se le dice maruga al que paga mal.)

☞ El que no sabe llevar las velas lo vuelca el viento.

☞ Con cagajón de caballo se aguanta la púa del trompo. (Cagajón de caballo: mierda seca de caballo.)

☞ El que carga mucho saco se queda zambo. (El que mucho abarca poco aprieta.)

☞ No hay quien cante sin desafinar. (Nadie es perfecto.)

☞ Si no hay cáscara no hay montuno.

☞ El que saca agua y carbón hace candela. (Sacar agua y carbón: trabajar.)

☞ El que mucho sopla hace botellas.

☞ El que mucho patalea mama. (El niño que grita logra que le den leche.)

☞ Para dar matandile no hace falta «dilen do» (Muy del pueblo.) (Para matar, el malo, no necesita mucho.)

☞ Tan culpable es el que mata la chiva como el que le aguanta la pata. (Similar al: es tan culpable el que mata la vaca como el que le aguanta la pata.)

☞ El que no se da a respetar ya se puede matar.

- ☞ El que no sabe ponerse los patines se le va la guagua. («Ponerse los patines»: correr.)
- ☞ El que tenga miedo que se compre un perro.
- ☞ El que está perdido en el llano ni con brújula.
- ☞ El que se la da de rico tiene que echar dinero palante. (Para delante.)
- ☞ El que se la da de guapo tiene que fajarse.
- ☞ Por negra que sea la noche siempre se encuentra un cucuyo.
- ☞ Para jugar al chocolongo se necesita puntería.
- ☞ Cuando saques el machete da fuerte.
- ☞ El que alardea de guapo tiene que fajarse.
- ☞ Si llevas la mano al machete tienes que usarlo.
- ☞ En las noches sin luceros hasta el sereno mata.
- ☞ Mirar las nubes y dormir no es forma de vivir.
- ☞ Si la harina está pasada no sabe bien el tamal.
- ☞ El chivo parece serio pero se la mama en público.
- ☞ Cada uno de su chivo hace un tambor.
- ☞ Cada uno de su cuero hace un tambor. (Variante del anterior.)
- ☞ El que no se ríe no es porque le duele la barriga.
- ☞ El elefante tiene colmillos pero se los quitan.
- ☞ Cuando se olvida el sofrito la comida es un garito.
- ☞ Para comer postre hay que batir huevo.
- ☞ Para buena torreja hay que poner pan duro.
- ☞ Primero muerto que desprestigiado.
- ☞ El muerto delante y la gritería detrás. (Paga primero y entonces trabaja.)
- ☞ Saliendo el muerto y formándose la gritería. (En cuanto pagues comienzo a trabajar. Variante del anterior.)
- ☞ No es el color de la piel lo que hace el deber.
- ☞ El que siempre se respalda en otros tiene flojos los pies.
- ☞ El que hace para «nikel» no llega a real. (Nickel es moneda de cinco centavos. El real es de diez centavos.)
- ☞ El que nace para tamal del cielo le caen las hojas.
- ☞ El que no se sabe afeitar que no use bigote.
- ☞ Un hijo es una experiencia. Dos es una bendición.

☞ Si llueve cúbrete o coges catarro.

☞ El que al salir del cine se tapa la boca es hijo de Naña Seré. (Es una persona chapada a la antigua: del ayer.)

☞ Cuando el río suena lleva aguacates.

☞ Boniato con bacalao atraganta al más pesado.

☞ Al que le gusta el café la borra lo intoxica.

☞ Amasando se hace el pan y también el infierno.

☞ El que está durmiendo siempre despierta.

☞ Una cara al natural tiene el corazón real.

☞ El que vive arañando se hace sangre.

☞ Los libros son buenos pero mucho enseñan los piñazos. (Que la vida enseña más que los libros.)

☞ El almidón estira pero a la larga arruga.

☞ Para evitar problemas conecta el cerebro antes de echar a andar la lengua.

☞ Para ser camaleón no hace falta cambiar de colores.

☞ El ajiaco no es sólo echar viandas en el caldero.

☞ El que no tiene enjundia no preña.

☞ Carro que cancanea se mea.

☞ Carro que echa humo coge candela.

☞ En el circo de la vida cuídate del payaso.

☞ Gallego gordo y mariposón baila son. (Gallego, habitante de España. Mariposón es el que le gusta enamorar a todas las mujeres. El cubanismo se refiere al tipo de gallego cubano casi siempre propietario de bodegas: expendio de alimentos de primera necesidad.)

☞ Mientras en la cuerda floja se juegan la vida el payaso hace trucos.

☞ Con la risa no sólo se engaña, se envenena.

☞ Bodeguero de la esquina es tu mejor medicina.

☞ Bodeguero con clientela sabe jugar al fiado. (Jugar al fiado es fiar.)

☞ Con la contra y buen servicio el bodeguero hace el kilito. («Hacer el kilito» es ganar dinero. Contra: ñapa: un poco de azúcar o de sal, etc. que se regalaba con la compra.)

☞ Salpicador de alabanzas, maraña segura. (El que mucho te halaga te traerá un lío.)

☞ El que te da el majarete lo mismo te da tolete. (Desconfía del que mucho te halaga.) (El majarete es un dulce cubano hecho con harina.)

☞ Al que se lanza de «achero» pártele el maletero. (El que se da de guapo, dale su merecido.) (Achero es guapetón. Es un cubanismo. «Partir el maletero»: destrozar; matar.)

☞ Caminar de tomeguín compra yegua. (El que te parece una cosa lo es.)

☞ Para comer postre hay que batir huevo. (También he oído: Para comer postre hay que «fajarse por los palos». Trabajar duro.)

☞ Si tienes estreñimiento Carabaña y sin lamento. (El «agua de Carabaña» es un purgante muy fuerte.)

☞ Bote sin calafatear se va al fondo del mar.

☞ El que no sabe de remos se hunde.

☞ El que no tiene biceps que no agarre el timón del bote.

☞ Bote con hueco se va al fondo.

☞ Aunque el nombre sea bonito la carcoma se lleva el bote al fondo.

☞ Hay que remar por la vida con brida.

☞ Hombre que juega baraja agua de borraja.

☞ Feo y barrigón ; dale un trompón.

☞ Si el viento amaina no soples tú. (No provoques.)

☞ Todas las pájaras comen arroz y el totí paga la culpa. (Muy popular.)

☞ El viejo aunque parezca pollo tiene moquillo.

☞ De hombre que habla bonito ni un poquito.

☞ Al hombre siempre lo ponchan con la misma bola. (Popular.) («Ponchar en el juego de pelota» es no darle a la bola. Fallar tres veces al tratar de darle. Cuenta en contra del equipo.) (Lo engañan con lo mismo.)

☞ Por alto que vuele el aura siempre le pica el totí. (El totí, un pájaro, siempre pica al aura tiñosa en la cabeza cuando la encuentra.) (Muy popular.)

☞ Para bailar el danzón hay que hacer pausa.

☞ Para bailar el danzón no te muevas de sabrosón. (El danzón se baila sin meneos. A lo clásico. No se debe romper las reglas.)

☞ Bailador que es tomador se le enredan los pasillos. (La bebida es mala consejera.)

☞ Hombre que sale bembón por la boca muere.

☞ Con perros se saca el cimarrón del monte.

☞ El hombre como el cimarrón tiene que vivir del olfato.

☞ Con el que aguanta látigo, a mazasos.

☞ El que no sabe gritar tampoco sabe avanzar.

☞ Para ganar a la quimbumbia hay que dar con el palo. (Quimbumbia: Juego que consiste en darle a un pedazo de palo chiquito con otro y lanzar el primero a distancia.)

☞ El que no tiene muñeca que no pulsee.

☞ Los que fajan por un inodoro terminan cagados.

☞ Al que le guste el fuete, métele.

☞ El que acepta un latigazo acepta un mazazo.

☞ Contra látigo voraz el pueblo es montaraz.

☞ Cuando se tiene razón no hay que dejar de gritar.

☞ Para recoger remo hay que saber remar.

☞ El que paga para que le carguen el saco ahorra dinero.

☞ El que levanta sacos tiene cintura. (El que aguanta agobios es un carácter. Esta basado en el estibador de azúcar.)

☞ El granizado cuesta un kilo pero quita la sed.

☞ Para comer catibía sobran los días.

☞ El que come pirulí, de grande, es niño en sí.

☞ El ñato tiene que respirar por la boca o queda.

☞ Los patines con ruedas de municiones hacen ruido pero no derrotan ni a un fotingo.

☞ Contra pulmonía doble no valen parches porosos.

☞ Cuando el tiro suena no corras, échate al piso.

☞ Si la malanga está dura dale candela.

☞ El que pide ayuda a otros es porque está manco.

☞ A nadie le apestan sus propios peos ni cree que sus hijas son feas.

☞ El que no oye refrán chirrín, chirrán.

☞ Qué importa si el mar se seca si yo no navego en él.

☞ Cuando la cosa está que arde no enciendas fósforo.

☞ El que come caramelo se endulza la boca pero por un rato.

☞ Mucho caramelo hace carie en los dientes.

☞ Al que tira con pólvora le explota la escopeta en la cara.

☞ Por la cagada se conoce el pájaro. (Muy popular.)

☞ Si la vida es como el yoyo déjala arriba como cuando juegas.

☞ No le tires al gorrión con escopeta.

☞ Toda balita «u» es «fu». (La balita u penetra mucho en el cuerpo.) (Fu: malo.)

☞ La envidia es balita «u». (Como la balita «u» hace daño.)

☞ El que llora no es porque pela cebolla.

☞ El que siembra su maíz que se coma su pinol. (Muy popular debido al Trío Matamoros.)

☞ El que siembra su maíz que se coma su popcorn. (Parodia en el exilio del refrán cubano «El que siembra su maíz que se coma su pinol».)

☞ Todas las manos curtidas llevan nobleza.

☞ Para gritar hay que tener galillo y gatillo.

☞ Para gritar hay que ser Tarzán y tener galillo.

☞ El grito que es justiciero llega al cielo.

☞ El grito como el dinero constante: sonante y fiero.

☞ El que grita sin razón sólo rompe el diapasón.

☞ El grito sin la justicia es vicio.

☞ El grito de corazón no puede ser acordeón. (Alude al tango.)

☞ La sopa e cherna es eterna. (El cubano dice ´e porque aspira la d.) (La sopa de cherna —pescado— actúa, según la creencia popular cubana, como afrodisíaco.)

☞ El que no tiene gandinga sólo empina chiringa. (Tener gandinga: ser osado. Cubanismo: «empinar chiringa»: no llegar a nada que valga la pena.)

☞ Mosquito que mucho zumba poco pica.

☞ Mosquito que mucho zumba termina en el manotazo.

☞ Si el flemón es por abajo la muela se va de cuajo. (Algunos dicen: «La muela se va al carajo».)

☞ Si se hizo un flemón hay que sacar la muela.

☞ El que anda con bola e humo pierde el bate. («El bola de humo» en cubano es una persona mala, «perder el bate» es recibir daño. Es otro cubanismo.)

☞ El que nace para canguro del cielo le cae la bolsa.

☞ El que nace pa peseta no llega a real. (Real, moneda de diez centavos. «Peseta» es de veinte.)

☞ El que a buen pollo se arrima como pechuga.

☞ Pan caliente y agua fría dan indigestión.

☞ El que come gofio se atora.

☞ Aunque pase el huracán recuérdate que recurva.

☞ El que juega con el ciclón termina de marañón.

☞ El ciclón, como el boxeador, primero ablanda y después derriba.

☞ Ciclón apostado y cielo azul no comas mantecado.

☞ La envidia tumba cocos y funde bombillos.

☞ El que anda en malos pasos trata de hundir a otro.

☞ La sopa con condimento hace viento.

☞ Cuando el mal es de cagar ni aunque comas un guayabo.

☞ Para hornear la harina hace falta buena levadura.

☞ Al que es hablador ni el marañón lo para. (El marañón es una fruta que aprieta la boca.)

☞ Una cosa es bailar bien y otra es tirar pasillos.

☞ La cara que tiene granos no la vence la boncilla.

☞ Niño al que le dan componte aprende a no coger monte.

☞ El mono baila si caen monedas.

☞ Para hornear el pan hace falta levadura.

☞ Cuando la mujer te gusta no hay tablita en el balcón que valga. (En los balcones cubanos se colocaba una tablita para impedir que se vieran las partes pudendas de la mujer.)

☞ El que come candela siempre termina quemado. (Comer candela es ser guapetón.)

☞ El que se atraca de mangos verdes coge tifus.

☞ Para coger al cangrejo hay que encandilarlo.

☞ El buen bailador tira pasillos.

☞ Botado estoy, pues me voy.

☞ El que deja de bañarse un día va perdiendo la costumbre.

☞ Cuando se pasa el limón no sabe bien el pescado.

☞ Con pescado empanizado no uses limón.

☞ Mira al hombre caminar y ya sabrás su carácter.

☞ No solo el ojo sino también el caminar revela carácter.

☞ El agua de carabaña limpia el estómago pero estraga. (Es peor el remedio que la enfermedad.)

☞ El que comienza jugando termina en el garrotero.

☞ Al chocolongo sólo juegan los niños.

☞ La escopeta sin cartuchos dispara. (Cuidado con las armas de fuego.)

☞ Si alguien te toca el cuerpo dale un vuelco. (El hombre jamas debe dejar que nadie le toque el cuerpo.)

☞ Aquel que engaña a mujer es un descosido. (Malo.)

☞ El que juega con chaveta se corta.

☞ Aunque seas zapatero deja tranquila la chaveta sino trabajas.

☞ Formar grupo en las esquinas no es buena cocina.

☞ Para pelar la vida se necesitan buenas tijeras.

☞ El que nace para real nunca llega a peseta.

☞ El corazón no es un traganíkel: toca sin que le echen un «niquel». (Muy popular. De clases muy humildes es este refrán. Traganíkel: Cubanismo. Victrola automática a la que se le echaba en Cuba cinco centavos (un «níquel»: cubanismo.)

☞ El que sabe de maraña araña.

☞ El que mucho alarde hace, un día le meten reto.

☞ Deudor que te pide tregua no le prestes ni una yegua.

☞ Por tener buenos modales no se deja de ser fiera.

☞ Siempre la camera es el hogar del matrimonio. (El matrimonio debe vivir junto. Se refiere a la cama camera.)

☞ Lo que hace mal carácter no es el hígado sino el alma.

☞ Hay hombres que visten traje pero llevan mamelucos.

☞ El sabor del bacalao no lo da el tufo.

☞ El que sólo atiza bastidores coge chinches.

☞ Cuando hay chinches se necesita el agua caliente.

☞ Azulejo sin aserrín no brilla.

☞ El que miente chiquitico miente grande. (Equivale al castizo: «el que hace un cesto hace un ciento».)

☞ La pasión sin terciopelo termina en hielo. (O en cero.)

☞ Para comer catibía no hace falta fantasía.

☞ Para sacarle el suero al queso hacen falta piedras.

☞ Hay trenzas para admirar y otras que ahorcan.

☞ El marinero viejo no se enreda en la soga.

☞ Marinero viejo sabe hacer nudo.

☞ El que se ríe a deshora desentona.

☞ Tamal que pica o no pica nunca al estómago es mal.

☞ Para comer quimbombó hay que cortarle la baba. (Hay cosas que necesitan ser eliminadas para que el resultado que se espera se produzca.)

☞ Hay que dar pienso al caballo si quieres que corra bien.

☞ Al carro de carrera hay que ponerle doble tanque de gasolina. (Cuando la carrera es larga al tanque de un carro de carreras se le añade otro para que no se quede sin gasolina el vehículo.)

☞ Cuando el mono está tranquilo no le hales la cadena.

☞ Aunque sea león de circo no le hales la melena.

☞ Escolar enamorado nunca hace la tarea.

☞ Hombre que luce mansito puede tener vizcaíno. (El vizcaíno es un revolver muy pequeño que se parte al medio.)

☞ El que mucho boconea nunca te da puñalada. (Equivale al castizo.) «Perro ladrador poco mordedor».

☞ El que no sabe cantar que no trate ni en la ducha.

☞ Por ser de Pijirigua no «has de coger nigua». (En Cuba se decía: «es un guajiro de Pijirigua para indicar que era de lo mas recónditos sitios del campo». La nigua es un gusano que se mete dentro de la piel y allí procrea. El refrán indica que por tonto que parezca un hombre puede ser muy inteligente.)

☞ El que tiene inteligencia no juega ni al pegado. (Jugar al pegado es un juego que consiste en pegar algo a una raya, a una pared. El que mas cerca quede de la meta es el que gana.)

☞ Si adobas mal el carnero te sabrá a berrenchín. (La carne del carnero huele mal y hay que adobarla bien.)

☞ Si el adobo está mal hecho se acaba con la comida.

☞ Para saber adobar hay que tener medidas.

☞ Para comer catibía no hace falta mucha yuca.

☞ Para comer catibía no hace falta mucho esfuerzo.

☞ El que no brinca bien que no juegue a la viola. (Para todo hay que tener maña. La viola es un juego infantil en que un niño salta sobre otro.)

☞ El vendedor de botones de millones hace sones.

☞ El que usa guante en verano termina en el matasano.

☞ Para triunfar en la vida nunca ladres a la luna.

☞ Si un perro aúlla enfréntate a los fantasmas. (Nunca tengas miedo.)

☞ El que hace alarde de millonario siempre tiene que probarlo.

☞ Negra que fuma tabaco seguro sabe hacer ajiaco. (Algunas negras cocineras en Cuba, fumaban tabaco. Eran unas cocineras maravillosas y criollísimas en sus costumbres.)

☞ Para empujar quimbombó hace falta yuca frita. (La asociación muchas veces es imprescindible para triunfar.)

☞ Cuando el bejuco no sube ni aunque le den sopa de cherna. (Contra los males de la naturaleza no se puede. La sopa de cherna tiene fama de afrodisíaco.)

☞ Directivos y accionista trabajan como turistas. (El que hizo la ley hizo la trampa. En Estados Unidos recurriendo a trucos que no son éticos pero legales se desfrauda mucho al fisco.) (Viajan de turistas y rebajan los gastos de los impuestos.) (Exilio.)

☞ Si quieres que te aprecie bien el «boss» —jefe— hazle un regalito o dos. (Exilio.)

☞ El que es mujeriego termina en fuego.

☞ El que juega con bola de hilo se enmaraña.

☞ El vendedor de botones hace de billetes sones.

☞ Para gritar hay que tener galillo.

☞ El cagajón de caballo hace silbar al trompo. (Usa siempre el método más apropiado para triunfar.)

☞ El aereoplanito japonés es un cuento de hoja de lata. (No es todo lo que brilla oro.) (Antes de la «Segunda guerra mundial» los productos japoneses eran malísimos, sobre todo los juguetes.)

☞ Al que le gusta el tolete, métele.

☞ Con el que no se revira el malvado usa la ira.

☞ Al que le gustan los golpes al paraguayo le viene bien.

☞ Caballo que corcovea, te mea.

☞ El que usa bastón si no es lisiado está atrasado. (El bastón es cosa del siglo pasado.)

☞ Hombre con leontina es de museo. (Está atrasado. Es antiguo.)

☞ Hombre con jipijapa mata vaca. (El sombrero de jipijapa lo usaba el político cubano.)

☞ Por comer caramelo no se es caramelero.

☞ Por comer pirulí el hombre no se endulza. (Árbol que crece torcido no se endereza.)

☞ Matar es siempre «halar». (Para el preso en Cuba cumplir años en prisión es «halar años».)

☞ «Si te encufan la noche es más dulce que el día». (Encufar es meter en prisión.)

☞ Por un frijol malo no se pierde la olla.

☞ El carbón tizna el cuerpo pero no el alma. (No hay trabajo que no ennoblezca.)

☞ Plátano pintón, jorocón. (Hace daño.) (Lo que no se ha madurado, fracasa.)

☞ El hombre canta aunque este preso.

☞ Come como un periquito y después traga. (Ve poco a poco.)

☞ Para romper el corojo hace falta ojo. (Para todo se necesita maña.)

☞ El que acepta un latigazo acepta un mazo.

☞ El moler maíz hace molleros.

☞ Con pelusa de maíz sólo no se cura el riñón.

☞ El que juega a los billetes, al bolsillo mete fuete. (De enero a enero el dinero es del banquero.)

☞ Pasando bien el cepillo siempre se saca brillo. (Haciendo las cosas bien se triunfa.)

☞ Cubano por la trastienda el gallego queda en venda. (Perece ante la belleza de la mujer cubana.)

☞ Con la chaperona al lado no hay quien no esté salado.

☞ Cuando no se quiere ver ni aunque uses espejuelos.

Cuando suena el cañonazo muchos cogen un tortazo.

☞ Cuando suena el cañonazo muchos cogen un tortazo. (Se refiere al cañonazo de las nueve cuando tenía que irse el novio. La chaperona despertaba cuando tiraban en La Habana el cañonazo, siempre a las nueve de la noche, y cogía a los novios infraganti.)

☞ Todos los rescabucheadores son ajedrecistas. (Hay que tener mucha paciencia.)

☞ Cuando el suegro pestañea en vez de flor besuquea.

☞ La novia del motorista en vez de nueve puntos tiene diez. (Cuando el tranvía corre mucho se dice que «va a los nueve puntos». La novia del motorista lo para porque tiene más puntos que él. Juego de palabras.)

☞ Un pajón a tiempo salva una vida. (Masturbarse: de las clases más chusmas del pueblo cubano. Es grosero.)

☞ El que se caga por un tibor no tiene inteligencia. (No se le prestar atención a cosas tontas.)

☞ Hay cosas para cagarlas y otras para pearlas. (Muy grosero. Hay cosas más importantes que otras.)

☞ Por amor se lamen los pendejos. (Groserísimo. De las clases más chusmas.)

☞ Por amor al bollo se lamen los pendejos. («Bollo» es clítoris. Es de las clases más chusmas.)

☞ No importa que nazca ñato lo que importa es que respire.

☞ Cuando la suegra dormita coge aguita. (Se refiere a la chaperona.)

☞ Si la paciente es un «jonrón» del médico es sofocón. (Si es linda.)

☞ Frijoles y bacalao por la libreta no hacen dieta.

☞ A gallo fino no le entran las espuelas.

☞ El chino y el pito auxilio caminan parejo. (El pito auxilio era un dulce que los niños compraban de a centavo. El chino casi siempre era muy humilde.)

☞ Chino manila pa Cantón sabe pasar del chicharrón. (Progresa. Parodia un versito cubano: «Chino manila pa Cantón, dame la contra el chicharrón».) (El cubano aspira la «d».)

☞ No siempre el que da matraca —molesta mucho— es matracoso sino pendenciero.

☞ Con la plancha en la mano el chino viste al cubano. (No hay nada como la cooperación mutua. Los chinos tenían sitios de lavar y planchar ropa llamados «trenes de lavado».)

☞ Al que se para en la vía lo coge el tren. (Popularísimo.)

Prostitución

☞ El salir de dormitorio es cargar oprobio. («Salir de dormitorio» es sacar a la prostituta de la casa de prostitución y pasarse la noche con ella fuera de la casa de prostitución. Inclusive «se duerme» con ella.)

☞ Al que hacen general lo mandan para el hospital. (El que anda con prostituta le ponen «medallas» dice el cubanismo o sea le pegan una sífilis. No se debe andar, pues, con prostitutas o mujeres de mala vida.) (La sífilis se mide por cruces. La peor es la de «cuatro».)

☞ El que anda con prostituta termina de minuta.

☞ El que anda con prostituta termina de general. (Con cuatro cruces de la sífilis.)

Pueblo

☞ Si el pueblo camina fuerte se oyen sus pisadas.

☞ Pueblo que cree en guayabas se la dan silvestre. («Meter una guayaba» es un cubanismo que significa: «decir una mentira».)

☞ Pueblo que no es sombrero no deja de poner sombrerería.

☞ Cuando un pueblo tiene rabia se le pone la boca sucia.

☞ Un pueblo que hace pininos hace remolinos.

☞ Aunque el látigo sea a tutiplén el cuero del pueblo es duro.

☞ Aunque el látigo esté al tutiplén el cuero del pueblo siempre es duro.

☞ Contra látigo voraz el pueblo es montaraz.

☞ Pueblo que acepta la ira no se revira.

☞ Cuando el pueblo se revira la ira se convierte en güira.

☞ Cuando el pueblo camina no hay corojo que no rompa.

☞ Cuando un pueblo se alborota, pierde la suela la bota. (Cuando los ánimos populares se agitan se pierde hasta la suela del zapato.)

Ratón

☞ Por mucho que el ratón corra siempre el gato lo alcanza.

☞ Si el ratón se queda quieto tampoco escapa al gato.

☞ Ratón que se encuentra un gato no escapa.

☞ Pónle la trampa al ratón con mucho son. (Mucha comida.)

☞ Si el queso no tiene olor el ratón no come.

☞ Queso viejo no mata ratón.

☞ Queso que se pone duro no hay ratón que se le acerque.

☞ Por el olfato muere el ratón.

☞ El perfume, como el queso, es embeleso y muerte.

Rumba

☞ Si el guajiro toca rumba la tumba. (Equivale al castizo: «zapatero a tu zapato».)

☞ La rumba es alegría y el guaguancó algarabía. (No hay dos cosas iguales en la vida.)

☞ La rumba es alegría y el guaguancó pendencia y tristeza. (Todo en la vida es diferente.)

☞ Para tocar tambor hay que romperse las manos.

☞ En la rumba, cuando el bongó canta, llora la corneta china. (La vida está llena de desigualdades.)

☞ Conguero que se desvía rompe la conga. (Cuídate de los malos.)

☞ La rumba de salón es fingía (fingida). (Nada se debe desnaturalizar.)

Santería

☞ Cuando te baja Changó el control te dice adiós.

☞ Camisa roja Changó seguro.

☞ Cuando Changó se alborota lanza trueno.

☞ Cuando te baja el santo vas al suelo.

☞ Santo que es marrullero ni con dulce de boniatillo.

☞ Para cantar en el cabildo hace falta voz y palitos.

☞ Al santo que se disgusta dale dulce y vianda. (En el rito africano al santo se le ponen viandas.)

☞ Gallina prieta no siempre trae milagros.

☞ Cuando se sube Changó el cielo truena. (La ira es mala consejera.)

Tabaco

☞ Para torcer el tabaco hay que saber darle vuelta.

☞ No se puede confundir vitrola con peticetro.

☞ Tabaco con picadura es basura.

☞ Para ser despalillador hay que tener dedos finos.

☞ Lector de tabaquería es hoja de primera.

☞ Lector de tabaquería sabe de noche y de día.

☞ Para sembrar el tabaco hay que tener manos de seda.

☞ Al tabaco como al hombre lo mata el moho.

☞ Para encender el tabaco hay que encender fósforo.

☞ Tabaco que marea es hoja de brea.

☞ Tabaco que marea tiene la hoja de batea.

☞ El lector de tabaquería mata el tedio con sabiduría.

☞ Tabaco bueno no se va en humo sino en deleite.

☞ No todo lo que quema se va en humo.

☞ Tabaco que no quema tíralo.

☞ Tabaco de bodega no hace vega.

☞ Tabaco con mucho humo ninguno.

☞ Para inhalar el tabaco hay que tener pulmones.

☞ El que chupa un tabaquito ajeno no vale ni un hilito.

☞ Si sabe despalillar la vitola sale de primera.

☞ El que no sabe fumar el humo lo atraganta.

☞ Gallo con kilo prieto asusta pero no mata.

☞ El que fuma panetela tiene las piernas flojas.

☞ Un buen cazador de «Bok» te pone en tres y dos. (Cazador de la firma Bock en Cuba.)

☞ El que no fuma un cazador es seguro perdedor. (El Cazador es muy fuerte.)

☞ Tabaco sin chaveta no agarra meta. (El tabaco flojo no sirve.)

☞ El que no tiene pulmones que no aspire tabaco.

☞ Tabaco en ayunas, emborracha.

☞ El que fuma rompepecho a tos termina deshecho.

☞ Aunque caiga el aguacero el rompepecho echa humo. (El rompecho es un cigarro que sostiene la candela aunque esté lloviendo.)

☞ Tabaco sin cuje es apagón.

☞ Al espíritu como al tabaco hay que darle pelón.

☞ Como el tabaco planchado ha de ser el alma.

☞ Semillero de sin tumba no hace hoja.

☞ La educación tiene que ser como el rebujo. (Liga en la fábrica de tabaco.)

☞ El que fuma panetela que no ataque a un cazador.

☞ Al que le cae pega no se le cae el brazo.

☞ El que se pasa de sudor como el tabaco no se seca.

☞ El que lo ataca el macho se le cae las raíces. (El macho es un insecto que ataca las raíces del tabaco.)

☞ Al hombre, como a la tierra, hay que darle mucho hierro.

☞ Solo el hierro como a la tierra hace florecer al hombre.

☞ A base de hierro se hace el hombre.

☞ Para ponerse maduro tiene el tabaco que tener mucho hierro.

☞ Para ponerse maduro tiene el tabaco que tener mucho riego.

☞ Hoja de buen veguero da frío. (El tabaco algunas veces marea.)

☞ El que se pone verde no sirve para fumador. (Al que emborracha el tabaco.)

☞ Hacer tabaco de una hoja no es maloja.

☞ Hacer tabaco sin mostrar uniones es obra de leones. (Sin mostrar donde se unen las hojas.)

☞ Hacer tabacos sin estrías requiere días.

☞ Aplaudir con la chaveta es del corazón retreta. (El tabaquero operario aplaude chocando la chaveta.)

☞ Tabaco sin cuje es apagón.

☞ Al espíritu como al tabaco hay que darle pilón.

☞ Como el tabaco planchado ha de ser el alma.

☞ Semillero sin tumba no hace hoja.

☞ Hebra que no tiene tendal jamás termina en tabaco.

☞ El lector de tabaquería tiene que ser como el rebujo.

☞ Lector de tabaquería te trae paciencia en la vía.

- ☞ Lector de tabaquería enseña sin la porfía.
- ☞ Para fumar tabaco llévatelo al oído.
- ☞ Tabaco que se quiebra va al latón de basura.
- ☞ Tabaco mal torcido tiene un bombero dentro.
- ☞ Tabaco que hace ruidito no quema parejo.
- ☞ Sin capa no hay capote.
- ☞ Los mamones del tabaco se dan a saco. (El mamón es una planta parasítica del tabaco.)
- ☞ Aunque sea naranja dulce mata al tabaco. (El naranjal tiene una larva que ataca unas vegas.)
- ☞ El tabaco bueno no necesita marquilla.
- ☞ Tabaco jorro aunque el fileteado sea de oro no quema.
- ☞ El tabaco con botones nones.
- ☞ El que no es un buen capero se queda en cero.
- ☞ El ripio, para picadura.
- ☞ A palo se hacen las hebras.
- ☞ Para hacer hebras hay que batirlas.
- ☞ Al tabaco con chichones ni aunque le den espolones.
- ☞ El hombre fuma tabaco y pectoral sin empacho. (No le tiene miedo a nada.)

Tiburón

☞ El tiburón no solo se pesca; hay que matarlo a palos.

☞ El tiburón o el cazón los dos son un ciclón.

☞ Tiburón o tintorera es la misma tijera.

☞ Al tiburón, con arpón.

☞ Colmillos de tiburón son de doble tracción.

☞ Cuando el tiburón ataca y se vira; escapa.

☞ El que grita sin razón es un tiburón.

☞ Con anzuelito no se pesca tiburón.

☞ Al tiburón hay que matarlo a palos.

☞ Aún fuera del agua el tiburón muerde.

☞ Tiburón fuera del agua cuidate de la cola.

☞ El tiburón traga de todo, hasta latas.

☞ El tiburón se baña pero salpica. (El político corrupto reparte de lo que roba. El refrán se hizo popular cuando lo usó el presidente de Cuba, José Miguel Gómez refiriéndose a él se decía: «Tiburón se baña pero salpica».)

Fondillo que hace brisa te agarra de prisa.

Trasero

☞ Fondillo que hace brisa te agarra de prisa.

☞ Fondillo que es jorocón es empate de danzón. (Fondillo es el trasero, las nalgas.)

☞ Fondillo que es un ciclón abate al más jorocón.

☞ Fondillo de mujer que hace brisa te agarra de prisa.

☞ Fondillo que tiene son te hace bailarlo.

☞ Fondillo sin cortapisas te hace abanicar la brisa. («Abanicar la brisa». Rendirse. Cubanismo.)

☞ Fondillo que es un trompón enseguida te noquea.

☞ Fondillo como batea hace brea.

☞ Fondillo como una tabla ni para salvarse.

☞ Fondillo que usa tirante no hay quien lo aguante.

☞ Fondillo como langosta tumba al policía de posta.

☞ Fondillo que se imagina es estricnina.

☞ Fondillo que se insinúa no necesita una grúa.

☞ Fondillo con levita a ponerse copa invita.

☞ Fondillo que es como un flan necesita canela.

☞ Fondillo que no hace danzón no baila en un ladrillito.

☞ Fondillo de maravilla no cabe en una silla.

☞ El fondillo que aniquila no puede doblar la esquina.

☞ La que empina la batea del blanco al negro recrea. (La batea es el trasero que en las mujeres cubanas es de formas muy bellas.)

Vida

☞ Si la vida no fuera vida y tiempo no matara.

☞ El tiempo es un digestivo. (Todo lo digiere. Cura todo.) (Equivale al castizo «no hay nada más socorrido que un día tras otro día.»)

☞ La vida se entiende cuando ya está perdida.

☞ La vida es como el caballo, aunque da coces hay que montarla.

☞ La vida es como el caballo, corcovea y te tumba.

☞ Para muchos la vida es un penco trotón.

☞ La vida es como el dulce de guayaba, si la comes con mucho queso te atraganta.

☞ La vida corre más que un caballo menos en la vejez que se pone a comer yerba.

☞ No hay vejez en la vida pero no hay vida sin vejez.

☞ La vida espina de ratón y tiburón.

Sabiduría de perro viejo te deja lelo.

ÍNDICE ONOMÁSTICO

168

Otros libros publicados y distribuidos por Ediciones Universal:

COLECCIÓN DICCIONARIOS

01-9   HABLA TRADICIONAL DE CUBA: REFRANERO
        FAMILIAR (Antología de refranes y frases cubanas),
        Concepción T. Alzola

0084-6 DICCIONARIO MANUAL DE LA LENGUA
        ESPAÑOLA (Las principales palabras del idioma
        explicadas. Con un resumen de gramática castellana,
        historia de la lengua y literatura españolas.), Vosgos

0311-X DICCIONARIO DE SINÓNIMOS, ANTÓNIMOS Y
        PARÓNIMOS, Vosgos

2702-9 A GUIDE TO 4,400 SPANISH VERBS (DICTIONARY
        OF SPANISH VERBS WITH THEIR ENGLISH
        EQUIVALENTS AND MODELS OF
        CONJUGATION/DICCIONARIO CON LOS VERBOS
        EN ESPAÑOL, SU TRADUCCIÓN AL INGLÉS Y
        CONJUGACIONES),
        José A. Rodríguez Delfín

113-1   A BILINGUAL DICTIONARY OF EXCLAMATIONS
        AND INTERJECTIONS IN SPANISH AND ENGLISH,
        Donald R. Kloe

114-X   NUEVO DICCIONARIO DE LA RIMA, Adolfo F. León

209-X   DICCIONARIO DE INGENIERÍA (inglés-
        español/español-inglés) (DICTIONARY OF
        ENVIRONMENTAL ENGINEERING AND RELATED
        SCIENCES. ENGLISH-SPANISH/SPANISH-ENGLISH),
        José T. Villate

597-8   DICCIONARIO DE SEUDÓNIMOS Y ESCRITORES
        IBEROAMERICANOS (diccionario de escritores de
        América Latina con información bibliográfica, país, fecha
        de nacimiento y otros datos.)
        Gerardo Sáenz

701-6   YO ME ACUERDO. DICCIONARIO DE NOSTALGIAS
        CUBANAS (presentado en orden alfabético con recuerdos
        de la historia, política y costumbres cubanas. Con
        fotografías),
        José Pardo Llada

COLECCIÓN CLÁSICOS CUBANOS